企业高技能人才职业培训系列教材

城轨站务员

CHENGGUIZHANWUYUAN（三级）

编审委员会

主　　任　仇朝东
委　　员　顾卫东　葛恒双　葛　玮　孙兴旺　刘汉成
执行委员　孙兴旺　瞿伟洁　李　晔　夏　莹　叶华平　李　益　杜晓红

主　　编　高　洁
编　　者　（按姓氏笔画排序）
　　　　　王晓刚　范晓春　陈春根　高　洁　钱雅倩
主　　审　王伟雯

中国劳动社会保障出版社

图书在版编目(CIP)数据

城轨站务员：三级/人力资源和社会保障部教材办公室等组织编写. —北京：中国劳动社会保障出版社，2015

企业高技能人才职业培训系列教材

ISBN 978－7－5167－1682－3

Ⅰ.①城… Ⅱ.①人… Ⅲ.①城市铁路-铁路运输-客运服务-职业培训-教材 Ⅳ.①U293.3

中国版本图书馆 CIP 数据核字(2015)第 037852 号

中国劳动社会保障出版社出版发行

(北京市惠新东街 1 号　邮政编码:100029)

*

北京市白帆印务有限公司印刷装订　新华书店经销

787 毫米×1092 毫米　16 开本　12.5 印张　211 千字

2015 年 3 月第 1 版　　2024 年 2 月第 3 次印刷

定价:29.00 元

营销中心电话:400－606－6496

出版社网址:http://www.class.com.cn

内容简介

本教材由人力资源和社会保障部教材办公室、中国就业培训技术指导中心上海分中心、上海市职业技能鉴定中心、上海申通地铁集团有限公司轨道交通培训中心依据城轨站务员（三级）职业技能鉴定细目组织编写。教材从强化培养操作技能、掌握实用技术的角度出发，较好地体现了当前最新的实用知识与操作技能，对于提高从业人员基本素质、掌握城轨站务员（三级）的核心知识与技能有直接的指导和帮助作用。

本教材在编写中根据本职业的工作特点，以能力培养为根本出发点，采用模块化的编写方式。本教材内容共分为三章，主要包括车站客运管理、车站设备管理、车站应急处置。

本教材可作为城轨站务员（三级）职业技能培训与鉴定考核教材，也可供本职业从业人员培训使用，全国中、高等职业技术院校相关专业师生也可以参考使用。

前言

企业技能人才是我国人才队伍的重要组成部分，是推动经济社会发展的重要力量。加强企业技能人才队伍建设，是增强企业核心竞争力、推动产业转型升级和提升企业创新能力的内在要求，是加快经济发展方式转变、促进产业结构调整的有效手段，是劳动者实现素质就业、稳定就业、体面就业的重要途径，也是深入实施人才强国战略和科教兴国战略、建设人力资源强国的重要内容。

国务院办公厅在《关于加强企业技能人才队伍建设的意见》中指出，当前和今后一个时期，企业技能人才队伍建设的主要任务是：充分发挥企业主体作用，健全企业职工培训制度，完善企业技能人才培养、评价和激励的政策措施，建设技能精湛、素质优良、结构合理的企业技能人才队伍，在企业中初步形成初级、中级、高级技能劳动者队伍梯次发展和比例结构基本合理的格局，使技能人才规模、结构、素质更好地满足产业结构优化升级和企业发展需求。

高技能人才是企业技术工人队伍的核心骨干和优秀代表，在加快产业优化升级、推动技术创新和科技成果转化等方面具有不可替代的重要作用。为促进高技能人才培训、评价、使用、激励等各项工作的开展，上海市人力资源和社会保障局在推进企业高技能人才培训资源优化配置、完善高技能人才考核评价体系等方面做了积极的探索和尝试，积累了丰富而宝贵的经验。企业高技能人才培养的主要目标是三级（高级）、二级（技师）、一级（高级技师）等，考虑到企业高技能人才培养的实际情况，除一部分在岗培养并已达到高技能人才水平外，还有较大一批人员需要从基础技能水平培养起。为此，上海市将企业特有职业的五级（初级）、四级（中级）作为高技能人才培养的基础阶段一并列入企业高技能人才培养评价工作的总体框架内，以此进一步加大企业高技能人才培养工作力度，提高企业高技能人才培养效果，更好地实现高技能人才

培养的总体目标。

为配合上海市企业高技能人才培养评价工作的开展，人力资源和社会保障部教材办公室、中国就业培训技术指导中心上海分中心、上海市职业技能鉴定中心联合组织有关行业和企业的专家、技术人员，共同编写了企业高技能人才职业培训系列教材。本教材是系列教材中的一本，由上海申通地铁集团有限公司轨道交通培训中心负责具体编写工作。

企业高技能人才职业培训系列教材聘请上海市相关行业和企业的专家参与教材编审工作，以“能力本位”为指导思想，以先进性、实用性、适用性为编写原则，内容涵盖该职业的职业功能、工作内容的技能要求和专业知识要求，并结合企业生产和技能人才培养的实际需求，充分反映了当前从事职业活动所需要的核心知识与技能。教材可为全国其他省、市、自治区开展企业高技能人才培养工作，以及相关职业培训和鉴定考核提供借鉴或参考。

新教材的编写是一项探索性工作，由于时间紧迫，不足之处在所难免，欢迎各使用单位及个人对教材提出宝贵意见和建议，以便教材修订时补充更正。

企业高技能人才职业培训系列教材

编审委员会

第1章 车站客运管理 PAGE 1

第2章 车站设备管理 PAGE 25

第3章 车站应急处置

第1章 车站客运管理

学习目标

- ✔ 了解乘客乘坐轨道交通的一次流程
- ✔ 了解客运组织的定义与原则
- ✔ 熟悉客运组织的主要手段，掌握大客流响应的主要手段
- ✔ 能通过改变车站设备布局及人员安排进行基本客运组织
- ✔ 了解轨道交通满意度定义
- ✔ 熟悉建立轨道交通满意度测评体系的原则与意义
- ✔ 掌握满意度测评指标在轨道交通工作实际中的应用
- ✔ 了解持续改进和“PDCA”管理循环的定义
- ✔ 能针对特定车站条件安排基本的服务组织

1.1 车站客运组织

知识要求

1.1.1 客运组织

轨道交通的根本任务是运送乘客，城市轨道交通体系为乘客提供了方便、快捷的出行服务。为完成运送乘客任务，客运组织工作是城市轨道交通运营生产的重要组成部分。实行优质文明的服务则是客运组织工作不可缺少的环节。

1. 乘客乘坐地铁的一次流程

地铁车站应根据“地铁进出站作业流程图”（见图1—1）预先制定好车站客运组织方案，引导乘客有序乘行。乘客乘坐地铁的一次流程如下：

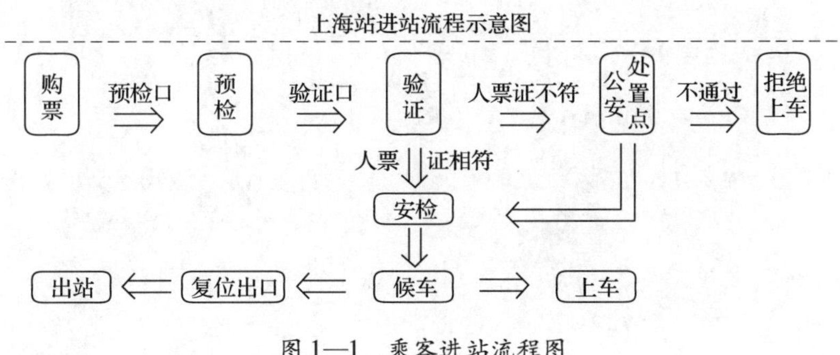

图1—1 乘客进站流程图

（1）引导进站。乘客通过合理设置的地面导向指引，方便地找到所需的地铁车站，直观、醒目的地面导向可以提高地铁吸引乘客的效率。

（2）售检票服务。进入车站站厅的乘客在直观、便捷、醒目的导向系统、自动售检票系统和辅助人工服务的共同协助下，完成整个售检票服务。

（3）乘降服务。通过楼梯、自动扶梯到站台区域，在导向系统的引导下，在站台候车安全区域等候进站列车，透过乘客信息导乘显示屏了解列车信息，在安全线、屏蔽门及辅助人工服务下安全登乘列车；通过车厢广播、运行示意图指引到达所需目的地车站站台。

（4）验票出站。在目的地车站站台，通过楼梯、自动扶梯到达站厅区域，完成出站闸机验票后，依车站周边交通示意图和导向系统的指引，选择所需出口离开车站。

2. 客运组织定义

客运组织就是以客流、客流调查和客流预测为依据，通过计划、组织、协调和管理，经济合理地使用客运设施和设备，采取切合实际且有效的客流组织方法和措施，为广大乘客提供安全、迅速、便利、舒适的服务，以满足乘客出行的需要。

3. 客流定义

客流是指一定时间内某一运输路线、路段上一定方向的旅客流动，包含流量、流向和流时等要素，如图 1—2 所示。客流是合理规划运输网、配置客运站点设施、配备旅客运输工具和编制其运行作业计划的基本依据。它取决于各种运输方式沿线地区的工农业发展水平、城镇规模、文化和游览设施的分布、城乡居民的生活和文化水平以

图 1—2　轨道交通车站客流

及运输网的发达程度等因素。旅客乘车按其目的不同可分为生产性乘车和消费性乘车。前者如上下班、上下学和公务出差等乘车；后者如探亲、旅游、去商店购物等乘车。

4. 客运组织原则

（1）以实现乘客安全运输为根本原则，保持客流运送过程通畅，尽量减小乘客出行时间成本，避免拥挤，便于大客流发生时能及时疏散。

（2）既要考虑如何吸引乘客乘坐地铁，使客流量最大，又要使客运服务成本最低，并取得最佳的经济效益。

（3）轨道交通控制中心负责网络、线路的客流组织工作，车站的客流组织由车站负责。

（4）在大客流的情况下，应合理地采取措施对车站人流进行有效控制。人流控制应采取由内至外、由下至上的原则，在车站出入口、进站闸机处进行人流的两级控制。

（5）如果站台乘客数量大于站台容积能力，必须对进站闸机控制点的客流进行控制，控制乘客下站台的数量。

（6）如果站台乘客数量大于站台容积能力，站厅乘客数量大于站厅容积能力，就必须对出入口控制点进行控制，临时限制或者不允许乘客进站。

5. 客运组织的主要手段

（1）根据客流现状，合理配备相应的工作人员和设施、设备。

（2）在运营场所设置标准、合理的导向标志。

（3）做好首末班车信息提示。

（4）加强换乘站客流组织。

1.1.2 车站客流分析

1. 车站位于工业区

（1）客流特征

1）有基本统一的上下班时间，因此就形成了如潮水般准时的“潮汐型”客流特征，即有明显的早、晚客流高峰，且基本属于通勤客流，因此对列车的“准时”有较高的期望值。

2）在两个高峰时段的客流流向基本相反。例如，早高峰有较大的到达客流、流向由车站往出入口外流动；晚高峰则反之。

3）在两个高峰时段，车站客流在不同流向上的流量相差较大。例如，早高峰时段主要是出站客流，进站客流相对较小；在晚高峰时段则反之。

4）在早晚两个高峰时段以外的运营时间，车站客流较小，在流向和流量上也趋于平稳。

（2）客流组织措施

1）可以采用活动隔离栏、双向进出站闸机的管理办法进行车站客流组织。

2）也可以采取“大小交路”的行车组织方式，以提高列车效率。

相关链接

沈阳地铁一号线的西段，从四号街至十三号街的四座车站就处在沈阳市的工业区周边，其客流组织就基本呈现上述情况，这四座车站的站长就是按照这些客流特征组织车站客流管理的，取得了预期的效果。

2. 车站位于商业区

（1）客流特征

1）城市商店的开门营业时间一般不早于企业上班和学校上学时间，因此，车站出现高峰的客流时间往往晚于城市通勤客流的早高峰时间。

2）城市商店的结束营业时间往往晚于企业收工和学校放学时间，因此，与通勤的晚高峰时段基本不产生“重叠”。

3）出站乘客随身携带的物品较少，进站客流往往携带了较多的新购物品。

4）在商店的整个营业时间客流相对较平稳。进站与出站两股客流在流量和流向上相对也较平衡。

5）车站客流容易受到商业活动的影响。例如，周边大商场进行促销活动或在春节、圣诞节等节假日期间，客流会发生意外的增长。

6）车站客流以购物、休闲、度假、会友等出行目的为主，因此对“准点”要求相对低些，但是对“舒适”的要求会相对高些。

（2）客流组织措施。车站进站处一般应设置通道较宽的闸机，以便于乘客携带新购物品进站。此外，在列车相对较拥挤或早、晚高峰时段，可以耐心说服携带新购物品的乘客暂缓上车，这样既有利于缓解车站客流与运能的矛盾，又有利于携带新购物品的乘客能确保物品完好。

3. 车站位于居民区

（1）客流特征

1）有基本统一的上班和上学时间，因此也容易形成较准时的早高峰客流。由于属于通勤客流，因此对列车的“准时”有较高的期望值。

2）由于企业所处地理位置的不同，乘客路途所需时间也不同，更由于学校下课时间一般都早于企业的下班时间。因此，车站的晚高峰客流量往往小于早高峰的客流量。

3）在早高峰时段，车站客流在流向和流量上相差较大。例如，早高峰时段主要是进站客流，出站客流相对较小，且形成早高峰的时间往往要早于工业区车站和学习区车站的早高峰时间，两者的时间差基本上就是乘客的路途耗时。

4）车站的晚高峰在流量上要小于早高峰，晚高峰延续的时间则比早高峰长。

5）相对于早高峰，晚高峰客流随身携带的物品要多些。

6）在工作日和节假日，车站客流有明显的不同。

（2）客流组织措施。要加强早高峰的车站客流组织，对于年老体弱乘客的进出更要严加关注，必要时可以提供专人服务。

4．车站位于学校区

（1）客流特征

1）以在校学生为主要客流。由于乘客年龄不大，因此，当车站形成乘客群时，经常可以看见乘客间的嬉笑、打闹等现象。

2）在进行车站管理，尤其在对乘客行为进行规劝时，往往需要面对“一群乘客”而不是“个别乘客”，乘客强词夺理的情况也偶有发生。

3）对大学城或寄宿学校周边的车站，周五下午和周日下午或周一的早晨往往是客流的高峰时段，学生往返学校成为车站的主要客流。此外的日子里车站客流相对较小。

4）随着学校寒暑假的到来，车站客流就基本处于低谷。

（2）客流组织措施。热情处置，礼貌接待，尊重乘客，以理服人。在具体的事务处理中，车站站长一般要注意：不要当众批评，可以将乘客单独请进站长室交换意见，一定要防止其他乘客为照顾情面而丢掉原则，发生“群起而攻之”的情况。

对于学生乘客的违章处理，告知校方可能比其他任何处理方式都更有效。

5．车站位于交通枢纽区

（1）客流特征

1）客流高峰与车站周边的交通客流有密切关联。例如，当有火车抵达时，下火车的乘客就会大批涌入车站。

2）乘客随身携带的物品一般较多。

3）进出站客流与节假日有较大的关联。以火车站为例，春运前期城市轨道交通车站的出站客流较大，而春运后期则反之。

4）为了能及时换乘其他交通工具，城市轨道交通车站中出站乘客对“便捷”的要求往往高于进站乘客。

（2）客流组织措施。针对上述客流特点，站长在进行车站客流组织时应当关心：进出站闸机处应当设置允许大件行李通过的通道。第一次乘坐城市轨道交通乘客的概率要高于其他城市轨道交通车站，站长要组织人员并准备宣传品，及时提供问询服务。

6．车站位于著名景观区

（1）客流特征

1）客流量与节假日有较大关联，一般双休日的客流要大于工作日，长假期节日的前几天客流大于后几天，非冬、夏季景点在春、秋季客流较大。

2）乘客随身携带的物品一般不多，单程车票购买量较大。

3）大多数乘客是首次来到车站，对车站布局了解不足，故乘客问询量较大。

4）单身乘客较少，一般常见的是多人的小群体或以家庭为单位的乘客群。

5）车站周边环境的管理难度较大。

（2）客流组织措施。在车站的导向标志布置上要求更高、更规范，可以有效减少乘客问询的数量。集中布置的自动购票设备前要有较大空间，以方便乘客排队，必要时可安排站务员进行设备操作的现场指导。车站应当准备车站周边示意图，尤其要注明车站与著名景点的位置关系。协助驻车站的轨道公安和驻在地公安、城管等单位共同整治车站周边环境，确保周边环境不影响车站内部。

1.1.3　车站设备布置

车站设备一般可分为车站服务设备和车站环境设备两大类。前者是为乘客出行所配置或为乘客提供方便所设置的设备，如运营信息查询机、自动售票机等设备；后者是为乘客提供一个舒适环境所配置的设备，如车站通风设备、空调设备、消防设备等。与客流组织密切相关的是车站服务设备的布置。

1．车站服务设备布置

（1）服务设备布置原则。不得形成通道的瓶颈，尤其要考虑乘客在排队等候时对通道的堵塞影响，应以不妨碍正常客流为前提，因此，要求这些设备布置在有较大空间的位置。此外，为防止购票后乘客瞬时集中进站造成进站设备处的拥堵，有条件的车站在设置售票设备与进站设备时，宜保持 10 cm 以上的距离。利用乘客不同的移动速度，减轻进站设备的瞬时进站压力，达到均衡利用设备、客流持续移动的目的。如图 1—3 所示为车站服务设备布置及乘客走向图。

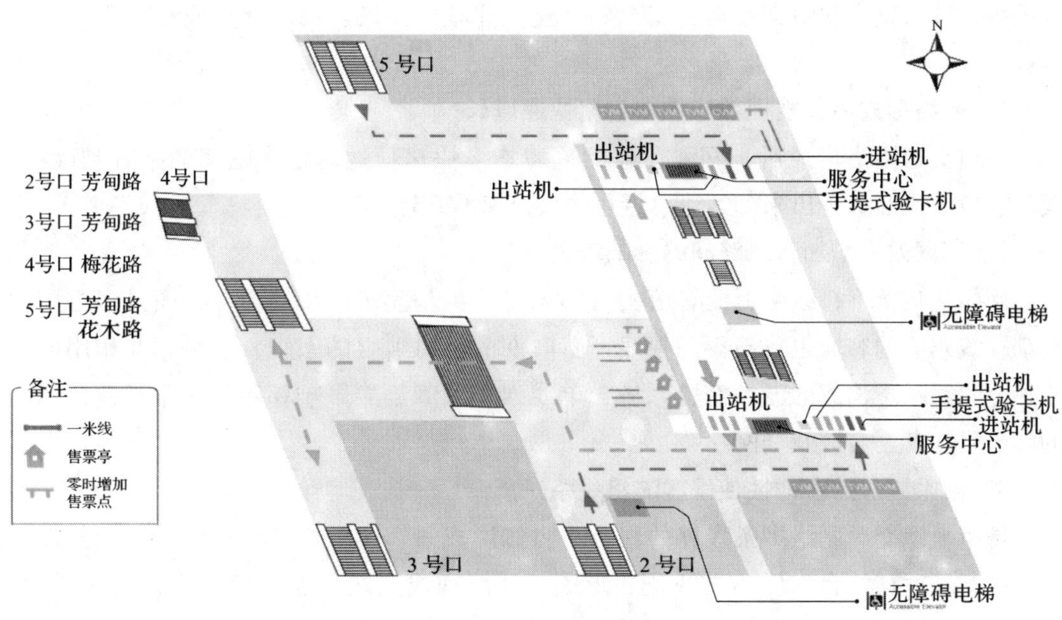

图1—3 车站服务设备布置及乘客走向图

（2）常见服务设备的具体要求

1）售、检票设备的位置与出入口、楼梯均保持一定距离，从而保证出入口和楼梯的畅通。

2）保持售、检票设备前通道宽敞，以便于疏导客流，售、检票设备间应保持一定距离，以免排队时拥挤。

3）售、检票设备的位置根据出入口数量相对集中布置。如过多设置售、检票设备，容易造成设备使用的不平衡，降低设备使用效率，并且不利于管理。

4）应尽量避免客流的对流。车站一般需对进出客流进行分流，进出车站检票设备分开设置，保持乘客经过出入口和售、检票设备的线路不至于发生对流。

2．车站环境设备布置

环境设备应设置规范，作为隐蔽工程，在建设施工时就已暗藏或镶嵌在建筑物中，除非需要对车站进行较大的改造；否则，一般不需要对设备重新布置。

1.1.4 网络化运营概述

网络化运营是指在由多线路组成的城市轨道交通线网上建立的、旨在高效满足出行者需要的安全和可持续的运输组织方法与经营行为的总称，它是最大限度满足老百姓的出行以及整个轨道交通运营安全的一整套完整的系统。网络化运营有以下主要特点：

1．网络形成后，规模效应使得客流快速增长

轨道交通网络形成后，网络覆盖的地域均可快速抵达，越来越多的乘客被吸引，其规模效应逐渐显现出来，客流总量总体呈快速上升趋势。

2．环网效应增加，线路间的影响增大

网络化运营下，线网上的客流出行特征将不再是简单的单向流动，而是多方向的流动；线路间的客流也将不再是单线运营时期的相对独立的系统，而是相互作用的由众多分线路系统构成的庞大客流系统，单线列车故障势必影响邻线的正常运营，严重的客流阻塞甚至会波及全网。

3．换乘方式的多样性使得客流组成相对复杂

城市轨道交通网络多条线路的聚合点自然形成了客运枢纽，枢纽内线路的敷设方式不同，站厅与站台布置方式不同，形成了线路和线路之间客流换乘方式的多样化。在大型换乘枢纽中，不仅客流量大，而且客流组成复杂。

1.1.5　车站客流组织案例分析

下面拟通过对车站如何正确设置售、检票设备的位置，合理布置付费区，进行合理的导向进行分析，从而阐述车站如何进行客流组织。

某站地处金融贸易中心，也是旅游黄金集散地，站内人流密集，日均客流在9万人次左右，车站共有5个出入口，站内原有11台出站闸机、8台双向闸机、8台进站闸机、5台人工售票机（以下简称BOM机），5台自动售票机（以下简称TVM机），但由于自动售检票设备布置不合理，造成乘客出站拥挤，进、出站客流交叉，而有的设备能力却闲置等不合理的现象，具体站厅布局如图1—4所示。

1．根据图例及数据分析，可见车站自动售检票设备布置有五项不合理处

（1）靠近2号口五台出站闸机凹在里面并被商店挡住，出口不明显，使用率只有5.5%。

（2）东、西端各4台双向闸机出站人流必须穿过售票亭，与购票乘客发生拥挤。

（3）东、西端各4台双向闸机是出站乘客的首选，但都靠近站台通到站厅的楼梯口，因人多拥挤带来安全隐患。

（4）车站的出口分散四处，而一个补票亭安排在3号口出站闸机旁，给乘客的补票带来不便。

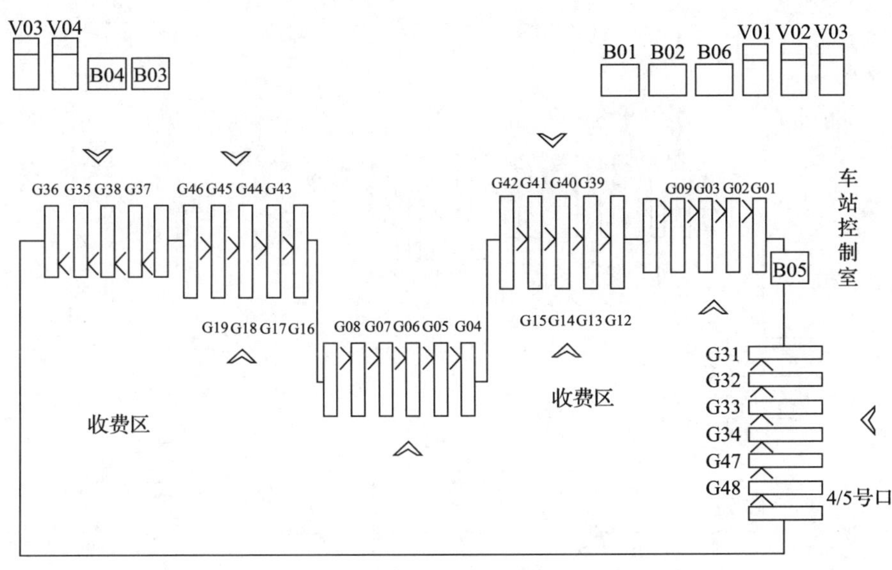

图 1—4　某站站厅布局

（5）8 台双向闸机进口端使用率不高，西端 4 台的使用率只占 1.8%。

根据该站实际客流分布情况，按照快速疏散人群、尽量减少交叉客流形成、提高设备使用率的原则对其自动售检票系统重新进行配置与布局，采用“两头进，中间出”的方案。

首先将部分商店拆除，11 台单向出站闸机、4 台双向闸机加一个补票亭放在中间，正对 2 号出口一字排开，售票亭放置在东西两端，进站闸机布置在收费区的两边，在楼梯口边各布置一个疏散通道。改进后的布局如图 1—5 所示。

2. 此方案的优点

（1）出站闸机集中在中间，11 台出站闸机与 4 台双向闸机同时使用，提高每台设备的使用率。

（2）出站闸机的位置距离上下站台楼梯较远，因乘客行走的速度各不相同，不易在出站闸机前形成乘客拥挤状况。

（3）售票亭远离进出站闸机，出站人流不会与购票人流形成交叉，避免了进出站客流的对流。

（4）4 台双向闸机正对 2 号口，从 2 号口下来的使用一卡通的乘客可直接从双向闸

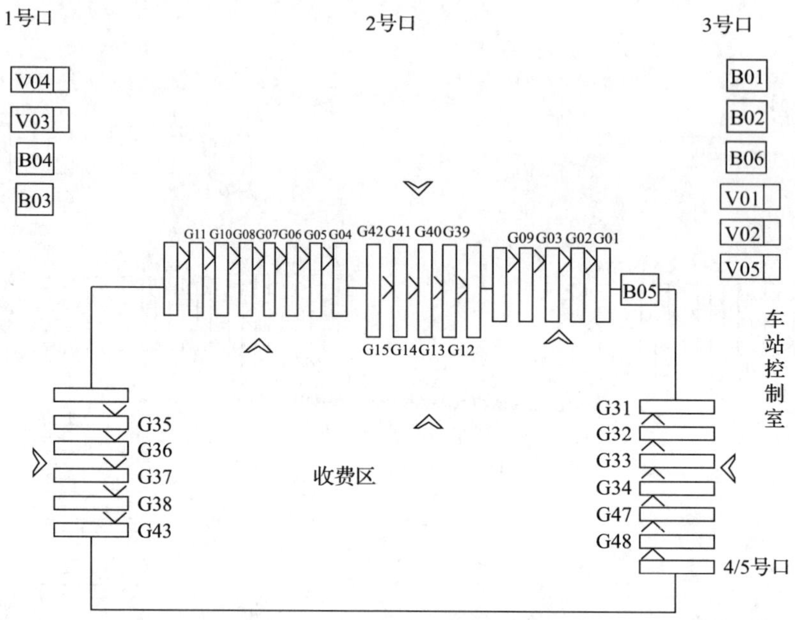

图 1—5　某站站厅改进后的布局

机进站，给乘客带来方便，双向闸机也分担一部分进口客流。

（5）只有一排出站闸机，补票亭安排在出站闸机处，减少乘客的补票困难。

3. 通过上述案例分析得知，在布置车站服务设备时一般要以符合运营时最大客流量、保持客流的畅通为原则。

技能要求

设计客运组织方案

背景资料：

所在车站毗邻上海新国际展览中心。展览中心 7 月 19 日至 28 日将举办一场大型国际汽车展，预计最大日观展客流将达到 8 万人以上，其中约 50% 将选择轨道交通出行。该车站是展览中心周围 1 000 m 范围内唯一的轨道交通车站，预计将对车站产生很大的冲击，需要及早做好客运组织方案设计。

“国际汽车展”日程安排见表 1—1。如图 1—6 所示为该车站站厅层布置图，车站内所有闸机均为双向闸机。

表 1—1　　　　　　　　“国际汽车展”日程安排

日期（星期）	观展时间	观众类型
7 月 19—20 日（周二、三）	09：00—18：00	记者、贵宾
7 月 20 日（周三）	18：00—21：30	特邀贵宾
7 月 21—22 日（周四、五）	09：00—18：00	专业观众
7 月 23—24 日（周六、日）	09：00—19：00	专业观众、普通观众
7 月 25—27 日（周一、二、三）	09：00—18：00	专业观众、普通观众
7 月 28 日（周四）	09：00—15：00	专业观众、普通观众

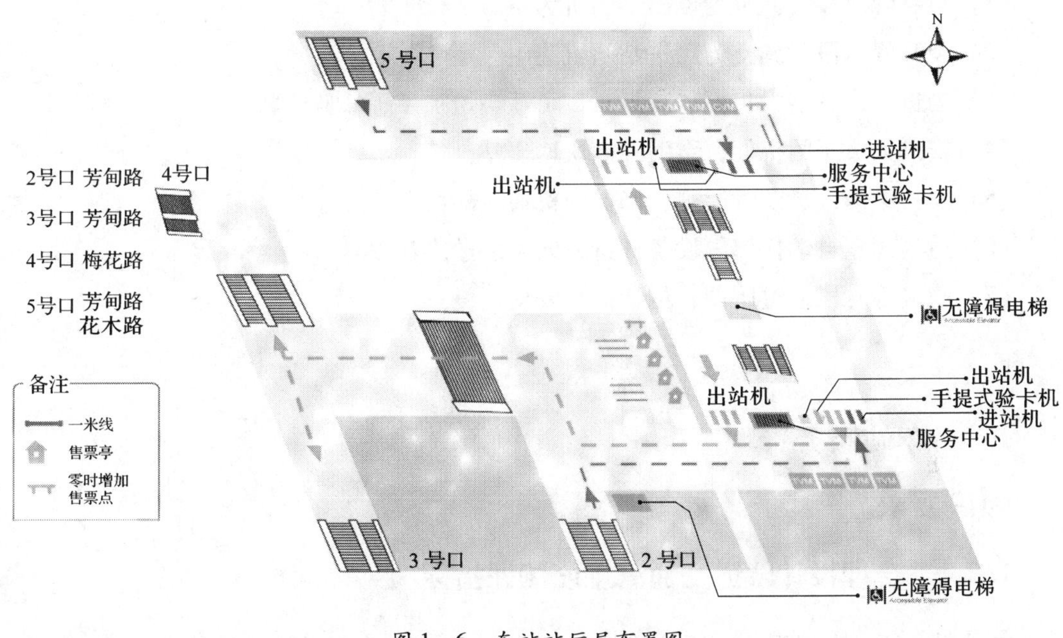

图 1—6　车站站厅层布置图

操作步骤：

1. 依据给出的信息，利用客流预测的方法，判断本方案中车站日客流的发展变化趋势

（1）预计车站客流最大日发生在下月 23 日至 24 日（周六、日），进、出站客流将达到 8 万人次左右。

（2）下月 25 日至 27 日（周一、二、三）与平日相比也比较大，其余日期的客流则比较小。

（3）客流最大日发生在双休日，且观众的构成以普通观众为主，人数众多。其他日期的客流变化也受这两个主要因素影响，同时还受天气、周边商业活动等其他因素影响。

2. 依据给出的信息，以客流的常规出行特征为根据，判断车站每日进、出站客流的特征

（1）早高峰时段，车站观展客流以出站为主。

（2）晚高峰时段，车站观展客流以进站为主。

（3）早、晚高峰客流相比，晚高峰进站客流更为集中。

3. 依据给出的信息，就如何提高车站某一时段进出站能力提出基本的解决方法

（1）早高峰时段，调整为以出站闸机为主。

（2）晚高峰时段，调整为以进站闸机为主。

（3）当进、出站能力仍不能满足时，可适当增加手提式验卡机。

（4）安排人员至闸机处，帮助乘客快速出站。

（5）安排维修人员及时巡视，确保闸机通过能力。

（6）适当调整自动扶梯等设备开行方向，疏散客流。

（7）晚高峰时段通过协调，尽量提高安检速度。

1.2 车站服务管理

知识要求

1.2.1 合理设计轨道交通满意度测评指标

在轨道交通运营者看来，乘客满意的程度与城市轨道交通服务质量存在着正相关关系。因此，服务质量的高低可以通过测评乘客对轨道交通的满意度得出。

1. 轨道交通满意度定义

轨道交通满意度是指乘客对轨道交通运营状况是否满足其需要，以及满足的程度和满足的情况的一种评定。这种评定是一种定量的指标。轨道交通企业为分析服务质量的优劣，并有针对性地找出不足进行提升，通常定期对轨道交通满意度进行测评。

2. 建立轨道交通满意度测评体系原则

建立轨道交通满意度测评体系必须遵循以下几条原则：

（1）应以实际调查为依据，确定能真实、全面地反映乘客关心的指标。

（2）应以因地制宜为条件。评价应以各个站点的实际情况和设备水平为依据，保持评价系统的灵活性。

（3）应以全面调查为前提。对被调查者的选择要尽可能全面，应包括忠实乘客、潜在乘客与漠然乘客。

（4）应以可测量的测评指标为主体。满意度测评的结果是一个量化的值，因此，设定的测评指标必须是可以进行统计、计算和分析的。

（5）应以建立快速的调查响应体系为保障。以确保乘客对提高城市轨道交通服务质量的热情。

轨道交通满意度测评体系会随着轨道交通运营现状及乘客需求的变化而变化。今天乘客相对不在意的因素，有可能成为乘客明天关注的焦点。因此，对乘客的期望和要求应做定期、连续的跟踪研究，从而了解乘客期望和要求的变化趋势，并对轨道交通满意度测评指标体系做出及时的调整，采取相应的应对措施。

3. 轨道交通满意度调查方法与时段

根据轨道交通乘客满意度调查特点，采用的调查方法可分为以下几种：

（1）秘密乘客调查和拦截乘客面访相结合。

（2）调查人群的年龄要覆盖乘客各年龄段。

（3）调查时间段主要覆盖以下几个方面。

1）工作日、双休日。

2）白天、晚上。

3）早高峰、晚高峰、夜高峰。

4. 建立轨道交通满意度测评体系的意义

通过轨道交通满意度指标体系，可以实现以下几个方面的目的：

（1）测定运营单位过去与现在运营管理水平的变化。

（2）了解乘客的想法，明确乘客的需求和期望。

（3）有利于制定新的服务质量改进措施，以及调整运营发展战略与目标。

（4）为运营单位更好地提供乘客服务指明方向。

1.2.2 满意度测评指标在轨道交通工作实际中的应用

轨道交通运营单位通过分析、研究满意度指标测评的结果，找出关键影响因素，通过持续改进，不断提高乘客满意度。这就是满意度测评指标的实际应用。

1. 满意度指标框架

轨道交通满意度测评指标体系是一个多指标的结构，运用层次化结构设定测评指标，能够由表及里、深入、清晰地表述乘客满意度测评指标体系的内涵。

以上海地铁为例，通过长期的实践总结，乘客满意度测评内容根据乘客满意度指数模型的五大要素逐级展开，应用 SMART 原则，即 S = Specific（明确性）、M = Measurable（可衡量性）、A = Achievable（可达成性）、R = Realistic（相关性）、T = Time-based（时限性）设计问卷，其中乘客对服务质量的感知程度是测评重点内容。

乘客满意度测评展开的指标框架如图 1—7 所示，在该框架下进一步细分为更多测评具体指标。

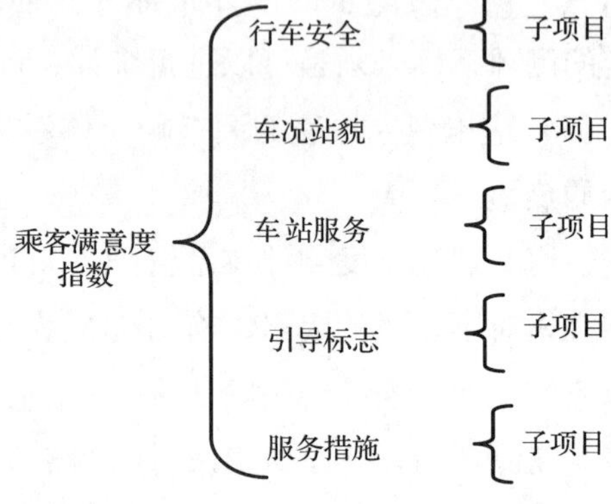

图 1—7　乘客满意度测评展开的指标框架

轨道交通满意度测评指标会根据当年年度路网建设情况及客流情况有所侧重，但主要测评指标应基本保持一致。上海地铁 2000—2011 年的几次满意度测评指标对比见表 1—2，指标大类均围绕上述五大要素，即行车安全、车况站貌、车站服务、引导标志、服务措施等。

表 1—2　　上海地铁历年满意度测评指标对比

年份	测评指标内容	具体指标	来源
2000	乘坐列车—站台候车—售检票—出入站—优质服务—其他	42 项	上海质协用户评价中心沪质用评（2000）1 号《上海地铁运营公司乘客满意度调查评价报告》
2002	安全运营—规范服务—设施设备—引导标志—管理水平	24 项	上海质协用户评价中心沪质用评（2002）82 号《上海地铁运营公司乘客满意度调查评价报告》
2006	行车安全—车况站貌—车站服务—引导标志—服务措施	27 项	上海质协用户评价中心沪质用评（2006）45 号《上海地铁运营公司乘客满意度调查评价报告》
2011	行车安全—车况站貌—车站服务—引导标志—服务措施	20 项	上海质协用户评价中心沪质用评《2011 年上海轨道交通运营服务乘客满意度测评报告》

2．满意度测评指标应用实例

轨道交通运营企业通过乘客满意度测评指标不断完善和提高服务质量和管理水平。以上海轨道交通为例：

2004 年满意度测评报告提出“地铁站点应配备厕所，消除乘客的后顾之忧”——经过慎重考虑，上海轨道交通部门开始对较早建成运营的线路，在其站台上设置公共厕所。从流动厕所，到 2006 年的靠细菌分解的环保厕所，再到 2009 年年底全面铺开的真空排污厕所，地铁运营方动足了脑筋。2010 年后建成的线路，全部拥有自有的公共厕所（见图 1—8），并逐步对既有线路进行施工，加盖厕所。至此，解决了地铁乘客的后顾之忧。

图 1—8　上海轨道交通站内配置的厕所

2006 年满意度测评报告提出“虹口足球场等站换乘不方便及同站名换乘不方便、导向不清晰”的需求——2008 年上海轨道交通部门经过慎重调研与考察后，启动同站名换乘的“虚拟换乘”模式：乘客持公交卡先刷卡出站，在 30 min 内到虚拟换乘站再进站，上述两次刷卡成“虚拟刷卡”，换乘时不计费。同时，对导向、广播词做了相应修改，相应出台了一系列的服务措施。至 2012 年，经过设计改建后，上海地铁 3 号线、8 号线虹口足球场站的换乘通道正式开通，如图 1—9 所示，3 号线、8 号线虹口足球场站告别站外“虚拟换乘”，实现站内“一票换乘”，最终解决了换乘难的问题，进一步方便了乘客。

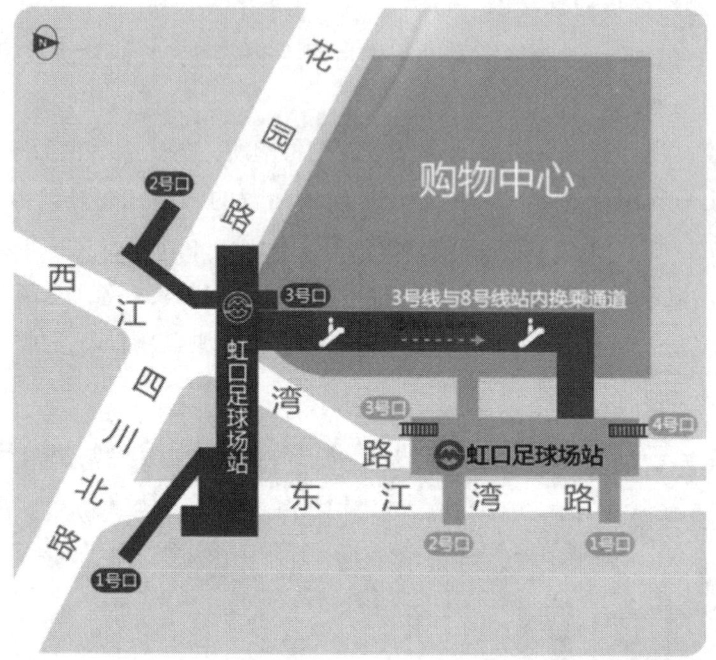

图 1—9　虹口足球场站换乘线路

3. 后续工作

测评后应形成“乘客满意度”调查评价报告。相关管理部门应对评价报告的结果进行专题分析，找出应当改进项、可以改进项和有待改进项，并分别提出改进建议。

1.2.3　持续改进最高，追求乘客满意

轨道交通客运服务所追求的最大目标是乘客满意。要达成这一目标，必须应用持续改进和“PDCA”管理循环两个原理。

1. 持续改进

持续改进（continual improvement）是指增强满足要求的能力的循环活动。制定改进目标和寻求改进机会的过程是一个持续过程，该过程使用审核发现和审核结论、数据分析、管理评审或其他方法，导向纠正措施或预防措施的结果。持续改进通常应用于现代 ISO 质量管理。

应用于轨道交通乘客满意度，持续改进导向的是乘客的持续满意和服务质量的不

断提升。定期进行轨道交通乘客满意度指标测评，是持续改进原理在轨道交通服务领域的应用。

2. “PDCA”管理循环

“PDCA”管理循环是全面质量管理应遵循的科学程序。其中：P（计划 PLAN）代表从问题的定义到行动计划，D（实施 DO）代表实施行动计划，C（检查 CHECK）代表评估结果，A（处理 ACTION）代表标准化和进一步推广。PDCA 循环是爬楼梯上升式的循环，每转动一周，质量就提高一步。PDCA 循环是综合性循环，4 个阶段是相对的，它们之间不是截然分开的。推动 PDCA 循环的关键是“处理”阶段。PDCA 循环的简明构成如图 1—10 所示：

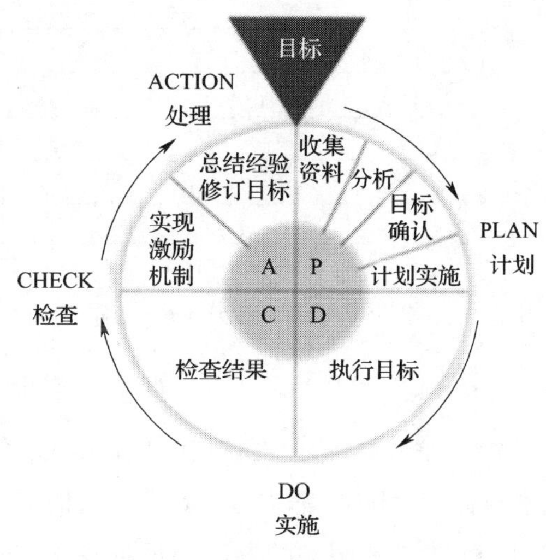

图 1—10　PDCA 循环的简明构成

轨道交通乘客满意度的管理，是轨道交通运营单位在调查、分析、研究乘客满意度的基础上，找出关键影响因素，持续改进乘客满意度的过程。通过乘客满意度指标测评系统，了解各薄弱环节的发生原因，改善轨道交通的服务质量，并随着时间的要求、城市结构的变化及市民生活水平的提高等乘客关注的因素变化，不断调整满意度测评指标。因此，乘客满意度管理的过程是一个“PDCA”管理循环的过程。

3. 不断追求乘客满意

通过持续定期进行乘客满意度测评，轨道交通运营单位可以不断提高服务水平，获得较好的经营效益和社会效益，并提高内部管理水平。其效果主要表现在以下几点：

（1）持续改进服务不足，保持总体满意度良好。通过满意度测评，查找出轨道交通运营服务不足之处并进行专项整改，从而提升整体服务水平。以上海地铁为例，如图 1—11 所示，从 1999 年至 2012 年，上海轨道交通的乘客满意度整体呈波状上升的趋势。在 14 年中，2010 年上海举办世博会当年，上海轨道交通满意度达到了 87.14 分的历史最高水平。

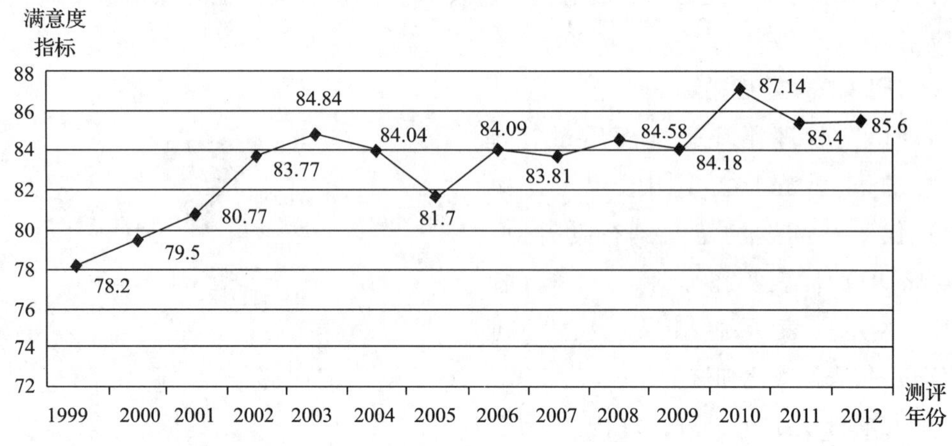

图 1—11　1999—2012 年上海轨道交通满意度测评指标

（2）服务品牌建设进一步加强。以上海地铁为例，从 1999 年开始进行一年一度的满意度测评，随着轨道交通满意度测评工作的持续开展及乘客满意度的不断提升，乘客对于上海地铁服务的期待值也越来越高。2008 年，“上海地铁”作为一个服务品牌被整体推出，其品牌内涵：“上海地铁，您的出行首选”，体现上海地铁的安全可靠、高效便捷、功能完善、文明舒适等特征。一经推出，就取得了良好的市场反响。经过数年沉淀，已得到了绝大部分乘客的认同。广大乘客普遍认为：“上海地铁”的服务品牌及其下属的各线路、各车站的诸多服务品牌，代表了上海这座国际化大都市的精神文明水平，对整个城市形象起到了提升的作用。

（3）运营单位内部管理流程得到优化。通过开展满意度测评，对运营服务关键点和一些重要环节一一进行分析评估，以责任分解和绩效考核的方式将外部服务指标转化为内部绩效指标，从而规范并优化内部管理流程，提高工作效率，提升服务水平，员工满意度也能得到相应提升。

技能要求

设计服务管理方案

背景资料：

假设你所在车站地处某民俗旅游景点附近，平日老年乘客较多。另外，周边十字路口有多个公交站点，十多条公交线路。

操作步骤：

1．根据背景资料分析该站的客流特征

（1）没有明显的上下班客流，早、晚高峰不突出，一般双休日客流会比较大。

（2）游客和老年乘客自助能力较差，问询量较大。

（3）使用单程票的乘客所占比例大。

2．从服务信息收集和注重对老年乘客的服务两个角度入手，设计简要服务方案

（1）站务员需要收集的服务信息

1）周边公交站点及对应的公交线路、开行方向、首末班车时间等。

2）旅游景点的位置、景区内的游玩特色、门票价格、开放时间等。

3）了解上海其他特色景点的信息及游览路线（以轨交换乘为主），介绍给乘客。

（2）收集信息的主要渠道

1）自己走访。

2）利用网络。

3）各类旅游书籍、地图。

4）询问有经验的站务员。

（3）对待老年乘客的服务细节

1）耐心接待。

2）表现尊重。

3）语言表达要通俗易懂、语气和蔼。

4）多加提示，注意安全（乘梯、上下地铁列车、上下楼梯）。

（4）服务措施

1）导向标志要清晰，要能清楚示意周边公交及旅游景点情况。

2）站务员要熟悉周边信息情况。

3）车站自动售票机旁宜配备专门人员提供服务。

3．提出相应的便民用品配备要求

（1）轮椅（老年乘客较多）。

（2）服务指南（游客较多）。

（3）指路条（周边公交信息等）。

（4）爱心伞、爱心糖果等。

本章复习题

一、判断题（将判断结果填入括号中。正确的填“√”，错误的填“×”）

1. 应当根据车站实际客流分布情况，按照快速疏散人群、尽量减少交叉客流形成、提高设备使用率的原则对车站自动售检票系统进行配置与布局。（　　）

2. 为了有利于车站的客流组织，售、检票设备的位置与出入口、楼梯均应相对靠近。（　　）

3. 车站大量设置售、检票设备将使设备使用效率提高。（　　）

4. 在轨道交通网络化运营条件下，单线列车故障并不影响邻线的正常运营。（　　）

5. 对于多线条件下列车运行计划的编制，则要考虑换乘车站，尤其是大型换乘枢纽的运营计划。（　　）

6. 网络化客运组织要求：充分利用网络的通达性，客流组织宜变“疏”为“导”。（　　）

7. 网络化客运组织要求：导向设备布局要加强站站之间换乘的导向识别。（　　）

8. 乘客满意度是指乘客事后可感知的结果与事前的期望之间做比较后的一种差异函数。（　　）

9. 乘客的感知≥期望，乘客就满意；乘客的感知≫期望，乘客就忠诚。（　　）

10. 乘客评价可用乘客满意度来表现乘客对地铁服务的客观评价。（　　）

二、单项选择题（选择一个正确的答案，将相应的字母填入题内的括号中）

1. 车站售、检票系统的设置一般要以符合运营时（　　）客流量，以保持客流的畅通为原则。

A. 平时　　B. 最大　　C. 最小　　D. 平均

2. 为了有利于车站的客流组织，售、检票设备的位置应根据出入口数量相对（　　）布置。

A. 分散　　B. 对应　　C. 集中　　D. 配套

3. 轨道交通网络形成后的规模效应使客流总量总体呈（　　）趋势。

A. 缓慢上升　　B. 快速下降　　C. 快速上升　　D. 缓慢下降

4. 对于大型换乘枢纽，下列描述正确的是（　　）。

A. 不仅客流量小，而且客流组成复杂

B．不仅客流量大，而且客流组成复杂

C．不仅客流量大，而且客流组成简单

D．不仅客流量小，而且客流组成简单

5．轨道交通网络中，（　　）方式不属于线路和线路之间客流换乘方式。

A．同站台换乘　　B．出入口换乘

C．站厅换乘　　D．混合换乘

6．乘客满意和企业效益之间的关系是（　　）。

A．平等　　B．前者是后者的基础

C．后者是前者的前提　　D．主次

7．乘客满意度是衡量出行质量和服务质量的一种（　　）指标。

A．效益性　　B．社会性　　C．经济性　　D．综合性

8．城轨交通企业提高乘客满意度的前提条件是（　　）。

A．提高业务水平　　B．了解乘客期望

C．了解乘客需求　　D．更新设备和设施

9．乘客满意度是指乘客认为所得到的出行服务（　　）他的期望的一种感知。

A．已增加　　B．已超过

C．已达到　　D．已达到或超过

10．轨道交通乘客满意度可通过委托第三方机构进行满意度指数测评，其满意度分数一般宜（　　）。

A．≥80　　B．>80　　C．≥92　　D．>92

三、思考题

1．根据本章介绍的客运组织原则与客运组织基本手段，车站进行日常客运组织时可以利用的设施、设备有哪些？它们一般在客运组织中如何发挥作用？

2．结合本章所学，根据你所在车站的客流特点、周边环境等因素，分析并为车站设计特色服务。

本章复习题参考答案

一、判断题

1．√　2．×　3．×　4．×　5．√　6．√　7．×

8．√　9．√　10．×

二、单项选择题

1. B　2. C　3. C　4. B　5. B　6. B　7. D
8. B　9. D　10. A

三、思考题

略。

第2章 车站设备管理

学习目标

- ✔ 了解常用车站售检票(以下简称 AFC)设备的工作方式和工作原理
- ✔ 掌握常用 AFC 设备的功能及组成
- ✔ 能对常用 AFC 设备的常见故障进行初步判断和简单处理
- ✔ 了解车站消防报警(以下简称 FAS)设备的组成
- ✔ 掌握消防主机面板按钮功能及指示灯含义
- ✔ 掌握消防主机操作方法
- ✔ 了解楼宇自动化(以下简称 BAS)系统及给排水系统的组成
- ✔ 掌握自动扶梯故障处置方法
- ✔ 了解屏蔽门的定义及结构
- ✔ 掌握屏蔽门和安全门的故障处置方法

2.1 常用票务设备的操作和故障处理

知识要求

2.1.1 检票机

检票机（gate）如图2—1所示，是自动售检票系统中实现乘客自助进、出站检票交易（在非付费区和付费区间通行）的设备。检票机安装于车站站厅层付费区与非付

图2—1 检票机

费区的交界处，进站检票机和出站检票机共同形成车站站厅层付费区与非付费区之间的分隔线，用于实现乘客自助进、出站检票。对有效车票，检票机通道阻挡装置释放（转杆释放或门扇开启），允许乘客进出站。

1. 检票机的功能

检票机的功能是对乘客所持的车票进行检验，并完成进站或出站的交易处理。在限时、计程的收费规则下，在进入收费区及离开收费区时都需要进行车票检验，进入收费区时检查车票的合法性，并记录进入时的地点和时间；离开收费区时检查车票的合法性、进站信息的合法性及收费区内的停留时间；并根据进入位置和离开位置计算本次旅程的费用，完成车票扣款操作。检票机（扇门）有足够的传感器对乘客的通行行为进行监控，能区分大人、小孩、手持行李与手推行李车，并能检测乘客在通道的移动情况，检查到任何非法进入可发出报警声及闪烁提示灯。

（1）检票机的基本功能。对车票进行有效性检验，对有效车票进行相应处理后放行乘客，对无效车票拒绝放行。

（2）进站检票。检票机有外部感应方式和内部感应方式两种，进站检票机采用外部感应方式。乘客使用储值卡、单程票和手机钱包进站检票时，将车票靠近进站检票机读写器天线，检票有效时，开启通道阻挡装置（门扇开启或转杆装置释放），乘客显示器提示相关信息，告知乘客进站，检票机在卡内写入进站交易记录，且将卡的交易记录保存于检票机存储介质中。若进站通道是双向通道，则进站端进行检票处理时，左侧检票机的出站检票端暂停服务。

（3）出站检票。出站检票机采用内、外部感应方式。乘客使用储值卡和手机钱包出站检票时，将车票靠近出站检票机读写器天线；乘客使用单程票出站检票时，需将车票投入回收口（由检票机读写器及单程票回收装置分别完成单程票的交易与回收）。当检票有效时，检票机的通道阻挡装置开启（门扇开启或转杆装置释放），乘客显示器提示相关信息告知乘客出站，检票机通过读写器在卡内写入出站交易记录，并将卡的交易记录保存于检票机存储介质中。若出站通道是双向通道，则出站端进行检票处理时，左侧检票机的进站检票端暂停服务。

（4）无效票处理。在执行进站检票或出站检票的操作时，若检票无效（如卡内金额不足等原因），则门扇关闭或转杆装置锁定，乘客显示器提示相关信息，告知乘客去票房或客服中心进行车票分析处理。根据情况发出报警声或闪烁警示灯，检票机不对无效车票进行写交易处理，只保存无效票记录于检票机存储介质中。

（5）紧急按钮。紧急按钮安置在车控室内，当发生紧急情况时，使用该按钮打开所有检票机的阻挡装置，可使三杆垂直落下、门扇敞开，紧急疏散乘客，保证乘客无阻碍地离开付费区。现在新线路设计规范要求紧急按钮与消防联动信号结合，一旦发出警报信号可联动控制专用按钮。另外，在没有电力供应的情况下，检票机的阻挡装置处于开启状态，以保证乘客进出。

（6）数据传输。通过车站局域网网络连接到车站计算机系统（SC），上传车票处理交易、寄存器及设备运行状态日志等数据；接收车站计算机系统（SC）或中央计算机系统（CC）下传的命令、票价表、黑名单及其他参数等数据，并对版本控制参数执行自动生效处理；检票机具有与时钟服务器时间同步的功能。

2．检票机的组成

检票机一般由乘客显示器、导向指示器、蜂鸣器、读写器与天线、阻挡装置（转杆式检票机采用转杆装置，门式检票机采用拍打门扇或剪式门扇装置）、乘客通行传感器（适应门式检票机）、主控单元（工业级计算机）、车票传送装置（出站检票机）、车票回收装置（出站检票机）、维修键盘、移动维护终端接口、电路控制单元、电源模块（含 UPS 或电池）、机身和支持软件等零部件组成。

（1）乘客显示器。检票机乘客显示器安装在检票机的顶部，方便乘客观察，作为检票机工作状态的显示和乘客人机界面的提示窗口，实时反映设备运营状态和处理的车票信息。

（2）导向指示器（见图 2—2）。检票机导向指示器的功能是显示检票机通道是否可以通行，从而引导乘客进、出站。

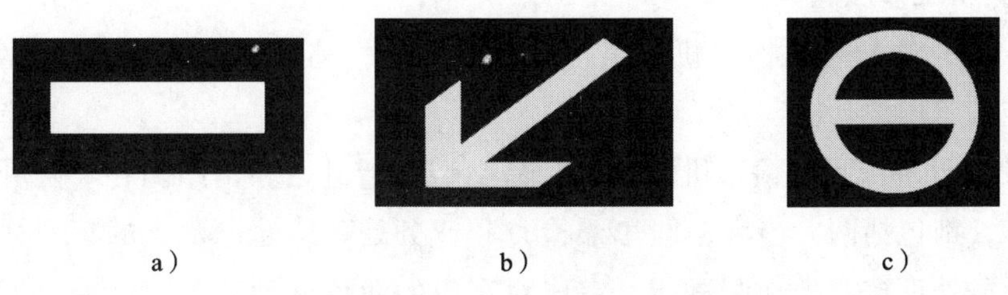

a）　　　b）　　　c）

图 2—2　导向指示器

a）“优惠票通行”　b）“允许通行”　c）“禁止通行”

检票机导向指示器分别安装在检票机两端的前面板上，用于指示该检票机允许或禁止通行。黑底中间为黄色横杠，表示此通道可以使用优惠票通行；黑底绿色箭头表示此通道“允许通行”；圆形、黑底红边、中间为红色横杠，表示此通道“禁止通行”。

检票机导向指示器显示的信息采用国际通用的标志，所显示标志在至少 30 m 的距离外应能明显辨识其显示信息及含义。

（3）蜂鸣器。蜂鸣器安装在检票机内部，具有多种不同的警示声音模式，如短促单声、短促两声、长声等。

（4）读写器与天线。车票读写器模块由读写器和天线组成，读写器与天线部件通过同轴电缆连接。检票机的读写器可分为储值票读写器和单程票读写器（两种读写器可以互换）两种。两种读写器软件版本相同，读写器 SIM 卡放的位置也一致，差异只是单程票读写器缺少（储值票）SIM 卡。

进站检票机及出站检票机都装有一个储值票读写器和天线。另外，出站检票机传输装置中还装有一个小天线的单程票读写器，用以完成单程票回收时的读写操作；双向检票机具有进站和出站的所有读写器。

（5）阻挡装置。检票机的阻挡装置有很多种，最常见的包括三杆装置、扇形门装置、拍打门装置等。

三杆装置是使用最广泛的阻挡装置，有落杆式三杆和固定式三杆之分，三杆装置由旋转三杆机构和控制板组成。旋转三杆机构在控制部件的控制下可以顺时针或逆时针转动。在完成一次交易后，主控单元发送命令控制电磁铁释放，允许三杆旋转一次，可让一个乘客通过。

在紧急状态或失电时，落杆式三杆中的水平杆自由落下，固定式三杆可以双向自由旋转，保证乘客在无障碍的情况下快速离开付费区。三杆装置具有转动状态反馈信号，能存储最近 10 次转动信号，并可通过数据接口读出相关信息。

3. 检票机工作原理

（1）设备总体架构。检票机以主控单元为核心，辅以阻挡装置、车票处理装置、声光提示装置等模块。

（2）交易处理流程。检票机的基本交易类型包括进站和出站两种。两种交易的处理流程类似，都包括两大步骤，即车票检查和业务处理。通过检查的车票才能进入业务处理，业务处理按业务规则进行。完成对车票的业务处理后，允许乘客通过检票机通道，进入或离开收费区。正常交易处理的基本流程包括：搜索车票和等待接收车站计算机系统的指令。当发现车票后，检票机将首先检查车票的有效性。

对于有效的车票，检票机按照业务规则对车票进行相应的交易处理。交易处理的结果将被记录。交易成功后检票机将释放阻挡装置，允许乘客通过检票机通道。对于出站检票机，可根据设定的参数对指定类型的车票进行回收。

对于无效车票，检票机给出提示信息，指导乘客前往车站服务中心或售票房（补票房）对车票进行相应的票务处理。

在降级运营模式下，检票机根据降级运营的业务规则可忽略对进出站次序、有效期（使用时间）、车票余值等内容的检查。

（3）数据管理。检票机内保存的数据包括设备状态数据、交易数据、本机统计数据、参数文件等。

设备状态数据、交易数据和本机统计数据均由检票机生成。检票机定时检查各部件的工作情况，在设备状态或部件工作状态发生变化时，检票机记录状态信息并将相关信息实时上传到车站计算机系统。当有交易发生时，检票机将记录交易的结果，包括交易类型、时间、车票信息、交易金额及交易结果等，并实时刷新本机的统计数据。

（4）人机接口管理。检票机人机接口包括两类，一类是乘客显示器，用于显示本机工作状态、车票信息和通行信息等内容；另一类包括通道指示和声光提示，用于提示通行状态和报警信息等。

乘客显示器应可以显示中英文信息，待机状态下显示本机工作状态，如“请使用车票”“暂停服务”和“关闭”等状态信息。当发生交易时应显示车票处理信息（如车票余值）、交易状态及通信提示等内容。乘客显示器通常安装在检票机顶部两侧的位置，以方便乘客查看使用。检票机导向指示器通常安装在检票机侧面的正中位置，应采用红、绿两色的高亮度 LED 指示灯，绿色箭头符号表示本通道允许通行，红色禁止符号（如“⊖”或“×”）表示该通道禁止通行。通道导向指示应可以根据检票机的工作状态进行切换。声光报警装置通常安装在检票机的顶部，用于提示特殊车票（如员工票）的使用、强行通过报警、非法车票使用报警和紧急状态报警等。

（5）外部接口。检票机的外部接口主要包括车站计算机系统接口、紧急按钮信号接口和外部维护接口。

4．检票机工作方式

检票机工作方式主要分为运行状态、关闭状态、故障状态和维护状态（测试状态）等。

（1）运行状态。运营状态包括联网运营和单机运营两种通信连接运行模式，还包括正常运营和降级运营两种运行模式。其中，降级运营模式包括以下几种：

1）列车故障模式。当轨道交通列车出现运营故障，使部分车站暂时中止运营服务时，AFC 系统将根据相关规定的要求设置列车故障模式。

2）进、出站码免检模式。车站在突发特大客流的特殊条件下，可根据运行需要及相关规定，将 AFC 系统设置为进、出站码免检运营模式，该模式可由车站或中央一级设置。一旦有一个车站使用进站码免检运营模式，则全线网的车站都要实行出站码免

检运营模式，以确保乘客能顺利出站。

3）日期免检模式。若由于特殊原因导致部分车票过期，根据运行工作的需要及相关规定，要求将系统设置为日期免检模式。

4）时间免检模式。由于特殊原因，如引起列车延误、时钟错误，导致大量持票乘客超时无法出站的情况，可根据相关规定的要求，将系统设置为时间免检模式。

5）超程免检模式。如果某个车站因特殊情况而临时关闭，导致列车只能越过该车站后才停车，在这种情况下，根据相关规定的要求，系统将把该车站的前方站设置为超程免检模式。

6）紧急放行模式。当车站发生火灾等紧急情况时，将系统设置为紧急放行模式。

在紧急放行模式下，所有检票机阻挡装置被释放打开，固定式三杆可双向自由转动，落杆式三杆自动落杆，门扇式检票机阻挡门敞开，禁止检票处理，乘客不需要使用车票就可通过检票机迅速离开车站。

在紧急放行模式下，检票机的乘客显示屏显示“紧急模式”，顶部警示灯闪亮。面向付费区的导向指示器显示“允许通行”标志，面向非付费区的导向指示器显示“禁止通行”标志，表示付费区乘客不需检票即可出站，而拒绝非付费区乘客进站。

系统下达紧急放行模式命令可以有以下三种方法：

①中央 AFC 系统下达命令到车站计算机系统，再由车站计算机系统向检票机下达命令。

②车站计算机系统直接下达命令。

③通过拨动安装在车站控制室内的紧急按钮下达命令。

检票机单机也可设置紧急放行模式，主要在检票机与车站计算机和紧急按钮发生通道通信故障时使用。

（2）关闭状态。当天运行结束后，车站计算机系统直接下达命令，将系统设置为关闭状态。

（3）故障状态。检票机各模块具备在运行过程中自动探测自身故障并报告给设备主控计算机的功能。

（4）维护状态。通过维护键盘或移动维护终端，车站维护及管理人员可将检票机设置为维护模式，对检票机进行设备测试及维护。

在维护状态下，检票机不对乘客服务，导向指示器转为“禁止通行”标志，以提示乘客不能通行，同时把相关信息及处理结果上传到车站计算机。乘客显示器显示“暂停服务”信息及相关的维修信息，同时不处理车票；但维修员在特定命令下可以使用测试票对设备整体性能进行测试，此时对测试票产生的交易不进行上传，但记录相应的日志。

5. 检票机的使用和操作

（1）车票的使用方式。检票机对单程票的使用方法采用“照进插出”方式，对储值卡和其他不回收票卡则采用“照进照出”方式。

乘客进站时，将车票靠近进站检票机顶部的读写器天线上方停留（照）一下，即以“照进”方式进行检票操作。

乘客持单程票出站时，将单程票插入出站检票机的投票口，即以“插出”方式进行检票操作。由于单程票需回收后重复使用，因此，乘客出站时必须将单程票插入出站检票机，以便车站回收后循环使用。对于有效单程票，出站检票机将自动回收车票；对于无效单程票，需将车票返还给乘客。

乘客持储值卡等不需回收的车票出站时，将车票靠近检票机顶部的读写器天线上方停留（照）一下，即以“照出”方式进行检票操作。

1）进站操作。在正常模式下，进站检票机的导向指示器“允许通行”标志灯亮，乘客显示器显示允许乘客使用的信息。当乘客将一张单程票或储值票靠近进站检票机的读写器天线，并在其读写范围内时，进站检票机将读取车票上的有关信息，对车票进站有效性进行检查，并在乘客显示器上显示相关信息。

2）出站操作。在正常模式下，出站检票机的导向指示器“允许通行”标志灯亮，乘客显示器显示允许乘客使用的信息。当乘客将一张单程票插入出站检票机的投票口时，出站检票机将自动读取车票上的有关信息，对车票的出站有效性进行检查。当乘客将一张储值票或其他不需回收的车票靠近出站检票机的读写器天线，并在其读写范围内时，出站检票机将读取车票上的有关信息，对车票的出站有效性进行检查，并在乘客显示器上显示相关信息。当检测到无效票或非回收的车票时，将返还该车票。

出站检票机的投票口具有适当的缝隙限制，可防止公共交通卡和其他杂物的投入。在任何非运营模式下，如暂停服务模式、紧急放行模式、关闭模式等，进票口不接受车票，以防止塞入车票或其他异物。

（2）车票有效性检查。检票机对进、出站车票进行处理时，必须对车票的有效性进行检查。对于不同种类的车票，中央计算机系统可分别设置相应的检查内容。

1）车票检查有效。乘客持车票进站，进站检票机检验车票有效时，释放检票机的阻挡装置，让乘客通行；乘客持车票出站，出站检票机检验车票有效时，释放检票机的阻挡装置，让乘客通行，出站检票机可根据系统预先设置，回收单程票。

2）车票检查无效。若车票检查无效，检票机在该车票上不写入任何信息，在乘客显示器显示“请去客服中心查询”或“GO TO BOOKING OFFICE”及车票拒绝代码的信息，引导乘客到服务中心或补票机查询车票；同时，关闭检票机的阻挡装置，阻止乘客通过。乘客可持该车票到人工售票机、补票机进行车票分析，根据不同情况对该车票进行处理。

（3）乘客连续通过处理。检票机的三杆装置应具有转动状态反馈信号，能储存最近 10 次转动信号，并可通过数据接口读出相关信息。在大客流乘客连续通过检票机时，检票机能连续进行检票处理和放行，通过三杆装置中的反馈信号获知未转动的次数，记录使用有效车票但未通过的乘客次数，当达到参数设置的最大次数时，检票机将拒收或处理车票，等待已检票的乘客通过检票机。在参数规定时间内，若乘客仍未通过检票机，则自动取消该乘客通过检票机的权利。

（4）特殊车票处理。检票机对特殊车票（如员工票、黑名单车票等）的使用有灯光提示及音响功能。

（5）票盒收取。出站检票机具有带自动升降装置（或弹簧装置）的车票回收票箱，被回收的单程票能整齐叠放，并可以直接在车站内循环使用而不需分拣。出站检票机在打开维护门时，回收票箱的升降装置受门感应器控制会自动下降；关闭维护门时，回收票箱的升降装置会自动上升。

在出站检票机的回收单元模块中安装有光电检测器，能随时检测票箱内的车票数量，在票箱将满及票箱满时向车站计算机传送相应的状态及车票数量信息。当票箱满时，出站检票机将拒收需回收的车票，但可以继续处理不需回收的其他车票。出站检票机最多有两个票箱，每个票箱可回收不少于 750 张车票。

当需要更换票箱回收车票时，操作人员打开检票机的门，必须待升降装置自动降落到位后才能进行票箱更换操作。

更换装有弹簧装置的车票回收票箱时，必须严格按操作步骤执行，禁止违规操作；否则会带来不安全因素，造成人身伤害事故。

（6）回收车票。有效的单程票将通过检票机被回收；同时，对回收的单程票的票值进行清零，被回收的单程票可直接拿到售票机上出售。无效单程票将送到出票口退还给乘客；同时，乘客显示屏显示相关信息，提示乘客到票房或客服中心处理车票。

6. 检票机的常见故障处理

车站使用的检票机由于各种原因会发生故障，检票机发生故障导致乘客无法使用时，维修人员必须尽快进行故障处理，在最短的时间内找到故障原因并排除，将设备修复，使设备重新投入使用。

检票机发生故障时，车站计算机将会报警，并在位图上显示红色，提醒工作人员该检票机发生故障或状态变化，用鼠标单击故障设备可看到相应的故障状态描述，使维修人员知道检票机发生何种故障或状态变化。在车站现场，发生故障的检票机正面乘客指示灯红色禁止灯亮，乘客显示屏上显示“暂停使用”，提醒乘客和维修人员此检票机发生故障，设备停止服务，拒收各种车票。

7. 检票机的日常维护

为了确保 AFC 设备的运营可靠，严格控制维修质量，力争将故障消灭在萌芽状态，加强预防性维护和保养力度，以保证 AFC 设备处于良好的运行状态。检票机维护和保养分为日常维护和周期维护。日常维护有日检维护、双周检维护，周期维护根据部件性能不同分为季维护、半年维护、年维护。

2.1.2 自动售票机

1. 自动售票机功能

自动售票机的基本功能是通过乘客的自助操作完成售票作业。自助售票作业的过程包括购票选择、接受购票资金、出票及找零等。自动售票机的应用功能包括对各部件的工作状态进行自动监控及对本机维护操作进行管理。

（1）人机交互界面。一般来说，自动售票机以液晶显示器作为乘客显示器，以操作触摸屏作为乘客的基本操作工具，使用纸币、硬币、储值票（公共交通卡）或银行信用卡等方式购买不同票价的单程车票，每次操作可以购买 1 ~9 张单程票，支持纸币和硬币找零。

自动售票机的人机界面分为三个层次，即主界面、车站选择界面和付费界面。主界面显示已开通的所有轨道交通线路路网图和票价选择；车站选择界面显示单条线路的线路图和线路中的车站；付费界面显示付费信息，并可以选择车票张数。在第二层（车站选择）界面和第三层（付费）界面上有返回按钮，用于返回上一层次的界面，取消按钮可以取消购票操作并返回主界面。

1）主界面和扩展主界面。自动售票机的主界面分为三个区域，分别是路网线路示意图、线路选择区和票价选择区，如图 2—3 所示。

当乘客使用直接选择票价的购票方式时，乘客选择票价后，票价选择区的票价提示将发生变化，在乘客按下确定键后直接进入第三层（付费）界面。当乘客按取消键后，票价选择区的票价提示返回零。

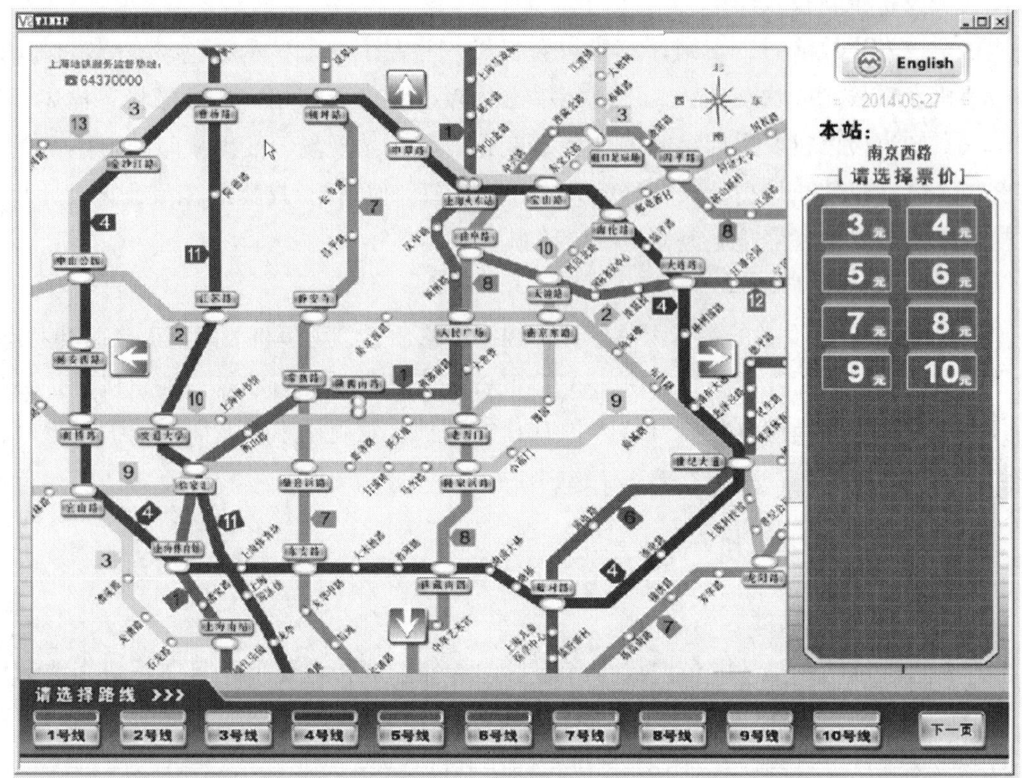

图 2—3　自动售票机主界面

如果乘客使用选择车站的购票方式，在主界面上先选择线路，选择线路时需使用线路选择区的按钮进行选择，乘客按下线路选择按钮后，自动售票机切换到第二层（车站选择）界面。当所需选择的线路无法在主界面上显示时，主界面上提供了向四个方向扩展的方向选择按钮，分别可以向主界面的上下左右四个方向扩展（即对应地图上的北南西东）。按下方向选择按钮后，主界面切换到对应方向的扩展主界面上。

扩展主界面采用与主界面完全相同的风格，分别显示对应的线路，在切换到扩展主界面时，线路选择区的线路选择按钮应保持与画面联动，显示画面上包含的线路名称。扩展主界面上同样有方向选择按钮，由于扩展主界面上必有一侧已到达整个画面的边界，因此扩展主界面上只有三个方向选择按钮。

2）车站选择界面。自动售票机的车站选择界面如图 2—4 所示。车站选择界面分为三个区域，即线路图、线路选择区和信息提示区。在三个区域中，单条线路示意图由票务清分中心生成并下发，线路选择区的按钮显示与主界面相同，信息提示区的界面是固定的，当乘客按下某个车站的按钮时，自动售票机根据参数表计算票价，并切换到第三层次（付费）界面。如果乘客按下取消按钮，自动售票机返回主界面。如果乘客在线路选择区按下其他线路的按钮，则单条线路示意图切换为乘客新选择的线路示意图，自动售票机仍保持车站选择界面。

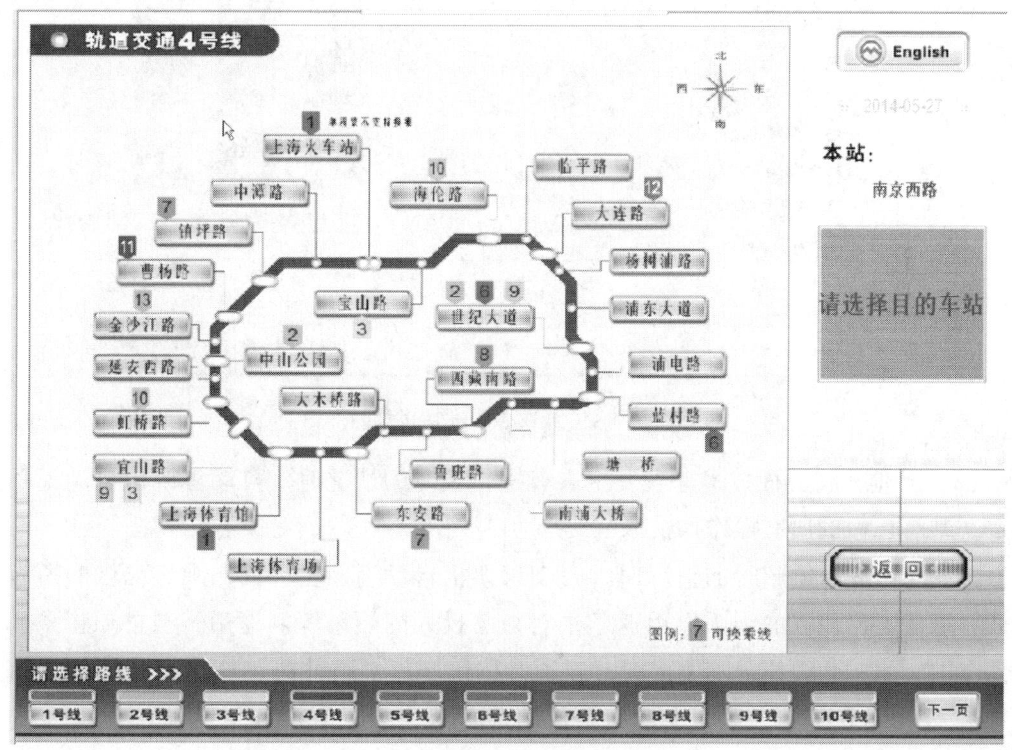

图 2—4　自动售票机车站选择界面

3）付费界面。自动售票机的付费界面如图 2—5 所示。自动售票机进入付费界面后，允许乘客投币或插入公共交通卡（银行信用卡）。如果乘客通过选择票价直接进入付费界面，则目的车站显示“未知”，如果乘客通过车站选择界面进入付费界面，则显示乘客选择的车站名称。在付费界面上，如果乘客选择车票张数，则提示信息中的张数和应付金额同步变化。当乘客开始投币后，车票张数按钮将被禁止。

乘客选择返回时，则返回乘客操作的上一界面，即对乘客通过票价选择进入付费界面的情况，按下返回按钮返回主界面；对乘客通过车站选择界面进入付费界面的情况，按下返回按钮返回车站选择界面。

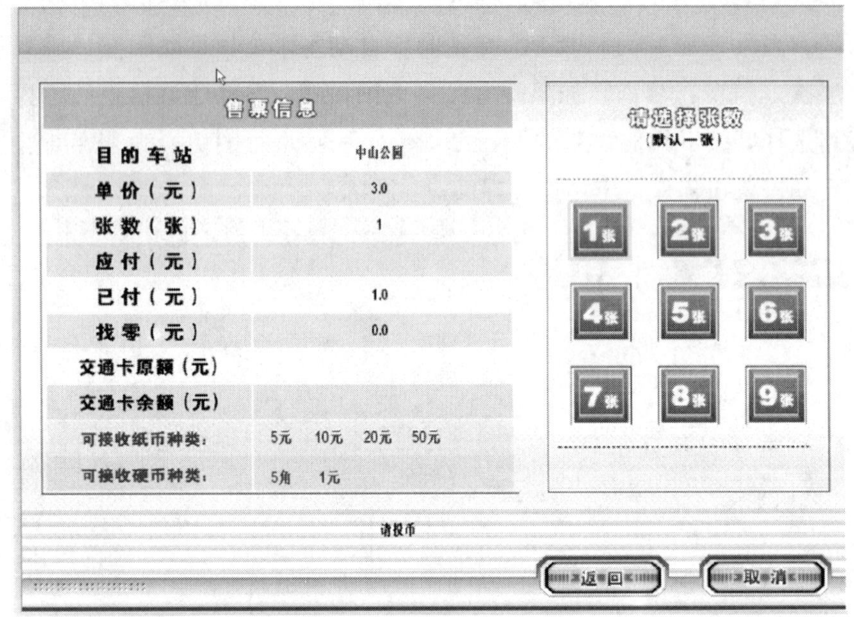

图 2—5 自动售票机付费界面

（2）其他人机界面技术。当发生乘客操作超时的情况时，自动售票机自动返回主界面，乘客已做的所有操作均被取消。

当发生乘客投币超时的情况时，自动售票机自动返回主界面，乘客已做的所有操作均被取消，已投入的纸币原币返还乘客，已投入的硬币等额退币。当自动售票机暂停服务时，自动售票机显示主界面，但所有按钮变灰，同时在票价选择区的提示信息给出“暂停服务”的提示，自动售票机的运营状态显示屏上显示“暂停服务”的字样。

语言选择按钮位于自动售票机主界面的路网线路示意图区域，坐标由界面定义文件指定。乘客在主界面上选择语言后，在本次购票完成前，都使用乘客选择的语言给出各种提示信息，直到购票完成或乘客重新选择语言提示为止。在本次购票完成后，自动恢复到系统缺省的语言设置（简体中文）。

当自动售票机长时间无人使用时，设备进入屏幕保护并明确提示乘客。

2．架构与安全管理

自动售票机（TVM）由主控单元、车票处理单元、支付找零单元、人机交互单元、供电及其他辅助单元等构成。自动售票机内部存放购票款、找零款、单程票等有价物品，安全管理也是自动售票机系统安全的重要环节。

（1）自动售票机架构。自动售票机架构如图2—6所示。

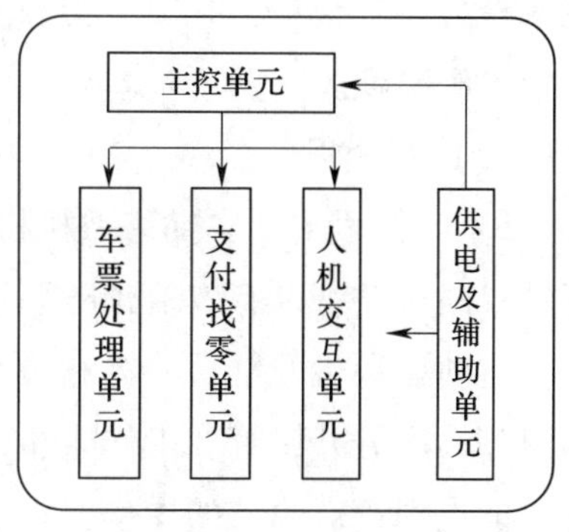

图2—6　自动售票机架构

1）主控单元。主控单元是工业级计算机，负责运行控制软件，完成车票处理、显示、数据通信、状态监控等功能。主控单元是整个自动售票机的核心控制模块，由主控单元统一协调和控制各主要模块。

2）车票处理单元。包括单程票处理模块（可选卡式或筹码式单程票处理模块）、车票读写器及天线等。自动售票机中发售的单程票种类通常根据整条地铁线路所选择的单程票种类来决定。自动售票机中的车票处理单元通常依据车票类型分为卡式车票发售模块和筹码式车票发售模块。车票读写器及天线主要用于车票读写及赋值。

3）支付找零单元。包括纸币接收模块、纸币找零模块、硬币处理模块、银行卡处理模块、储值票处理模块等。其中纸币接收模块负责支持乘客的支付操作，实现目前市面上流通纸币的识别、传送及存储。纸币找零模块主要实现自动售票机的纸币找零功能。硬币处理模块实现硬币识别、接收及硬币找零功能。银行卡处理模块主要包括银行卡读写器，用于读取乘客所持银行卡信息，密码键盘用于输入银行卡密码，从而完成利用银行卡进行支付的操作。储值票处理模块一般用于储值票充值或利用储值票支付购买单程票。

4）人机交互单元。包括乘客显示器、触摸屏、运行状态显示器、密码键盘、凭条打印机、维护面板、多媒体功能模块、按钮等。乘客显示器安装在自动售票机前面板乘客操作范围内，用于显示购票操作的有关信息；乘客通过乘客显示器上的提示信息进行操作，从而完成购票过程。乘客操作触摸屏通常覆盖于乘客显示器，乘客根据乘客显示器上显示的信息，在触摸屏上进行选择操作，完成购票操作。运行状态显示器通常安装在自动售票机顶部，用于显示运行状态等。密码键盘通常用于银行卡操作时输入密码。凭条打印机用于提供自动售票机进行运营及维护时的操作凭证，便于运营账务审计及故障分析。维护面板安装在设备内部，运营维护人员通过维护面板进行更换钱箱和票箱、设备维修与检测以及结账操作等；多媒体功能模块用于设备播放多媒体广告及语音提示等；按钮通常用于乘客求助等。

5）供电及其他辅助单元。包括电源模块、不间断电源（UPS）、散热风扇、温控模块等部件。电源模块为设备提供电力；不间断电源用于保证断电时自动售票机成功

完成最后一笔交易，并确保交易数据不丢失；散热风扇及温控模块用于确保设备处于正常工作温度。

（2）安全管理

1）门锁设置。自动售票机机柜采用独特安全门锁设计，可有效地防止用其他钥匙开锁；同时还可以有效地预防恶意撬锁，使用更安全、更放心。

自动售票机的纸币钱箱和硬币钱箱具备双重门锁设计，两把钥匙分别由工作人员和财务人员分开保管。工作人员的钥匙只能达到搬动钱箱的操作要求，财务人员的钥匙只能达到开启箱盖的操作要求。

2）报警设置。整机的物理安全是保证整个自动售票机系统安全的前提，为此，自动售票机采用完善的报警装置来监测危险状态，并向有关人员发出报警信号。当出现非法开启机柜门，非法移动硬币钱箱、纸币钱箱的情况时，自动售票机都会发出尖锐的报警铃声。

3）用户权限设置。自动售票机采用身份鉴别控制。每个具有相关使用权限的工作人员都具有合法身份，在进行开门和移动纸币、硬币钱箱等操作时，必须使用操作人员的用户名及其访问密码，进行身份认证及操作权限的控制，越权操作将被拒绝。还可通过设定操作人员的用户名和用户密码、限定用户工作时间、规定用户使用资源权限等方法来确认操作人员的身份，防止非法人员对自动售票机的登录，确保自动售票机的使用安全。

3．自动售票机的操作

自动售票机有外部和内部两种操作，外部操作主要是指乘客购买单程票的操作，内部操作是指车站票务人员进行加票操作、加币操作、清币操作、钱币箱操作及维修人员进行维护、维修操作。

（1）购票操作区域。自动售票机正面操作区域如图 2—7 所示，分为选定票价区域、付费区域、取票区域三个部分。

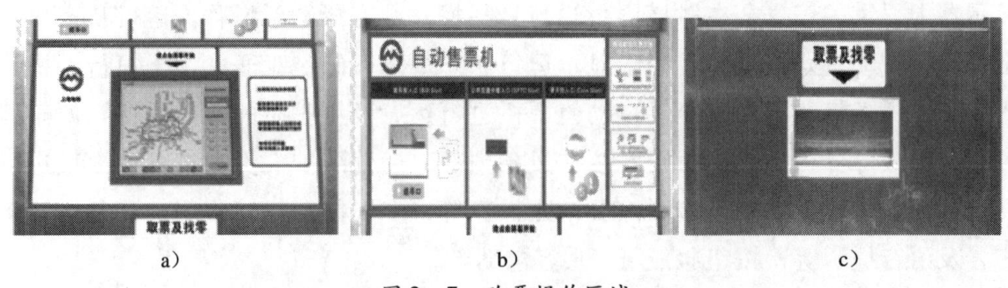

a） b） c）

图 2—7 购票操作区域

a）选定票价区域 b）付费区域 c）取票区域

选定票价区域即乘客显示器及触摸屏区域，位于前面板中部，乘客通过触摸屏选择目的车站、票价及购票数量。付费区域位于自动售票机上部，包括纸币、硬币投币口和储值票插入口，便于乘客在一个区域内操作。取票区域位于自动售票机下部，取票口内置照明灯，方便乘客取票和取找零。

乘客购票过程可以分为三个主要流程，即乘客选定票价流程、乘客付费流程、乘客取票流程。

（2）购票操作。对于购票操作流程，熟悉和不熟悉地铁票价的乘客可以有不同的操作顺序。熟悉票价的乘客可直接选择票价和数量购买车票，以节约时间；不熟悉票价的乘客可以通过选择线路和目的站点的方式得到票价信息并完成购票。

1）按票价购票

第一步，在主界面直接投入纸币和硬币，设备直接显示所接收到的现金总数。

第二步，在主界面直接选择单程票票价。

第三步，用户如果要修改购票数量，可直接点击购买张数按钮，按确认按钮开始出票。

第四步，出票完成后，自动售票机弹出提示框提醒乘客取票及取找零，并结束购票流程。操作面板显示主界面，系统等待下一位乘客的操作。

若乘客在未投足购票款时要取消购票，则可在购票信息窗点击取消按钮，自动售票机将返还投入的所有购票款。

2）按线路购票。按线路购票的方式适用于熟悉地铁线路的乘客，该方式向乘客显示所选择的线路图，使得乘客能够快速选择目的站点。除在选择站点界面上不同外，该方式的其他操作步骤和提示信息都与按地图浏览购票方式一致。

3）按地图浏览购票。提高乘客的购票速度是用户接口设计所要考虑的一个非常重要的因素，应通过为乘客提供形象的地图引导，协助乘客快速找到目的站点，提供便利的购票指引。

若乘客在未投足购票款时要取消购票，则可在购票信息窗点击取消按钮，自动售票机将返还乘客投入的所有购票款。

（3）开机与关机操作

1）开机准备工作。用钥匙打开自动售票机后门，检查部件是否连接正常，安装是否到位。

2）开机步骤如下：

打开自动售票机总电源控制模块开关。

打开 UPS 后备电源。

打开电源控制箱开关。

打开工控机电源开关，启动操作系统，自动售票机的应用程序将会自动启动。在这个启动界面上，维护人员可以看到自动售票机各个功能模块的自检状态，可以判断这些组件是否处于正常工作状态；当出现问题时，启动界面上会有明确的提示信息，可以帮助维护人员快速确定故障部件，方便维护人员及时、有效地排除故障。

3）关机步骤如下：

正确打开自动售票机的后门。

登录维护面板，输入关闭自动售票机命令。

按照与开机相反的顺序，依次关闭工控机电源开关、电源控制箱、UPS、电源总开关。

4）正确开关自动售票机门。具体方法如下：

打开自动售票机门：使用钥匙打开自动售票机的后门，在参数设定时间内登录维护面板，输入维护人员的员工编号（ID）和密码，若超时系统会发出报警声。

关闭自动售票机门：若使用过维护面板 99 命令，请确认已经退出 99 命令的维护模式。

将门把手推入钥匙孔中。

对齐两扇门，用力将门推到位。

转动钥匙，锁紧自动售票机门。

4. 自动售票机的主要部件见表 2—1。

表 2—1　　自动售票机的主要部件

序号	设备名称
1	工控机
2	纸币识别器
3	硬币控制板
4	硬币识别器
5	钱箱
6	硬币找零箱
7	纸币找零箱
8	车票处理机构
9	IO 控制器
10	LCD 显示屏
11	UPS
12	以太网
13	密码键盘

5. 自动售票机日常维护

自动售票机维修工作按性质分为计划性维修及故障性维修，计划性维修按维修内容可分为日常维护、月检、半年检、年检。

6. 自动售票机常见故障（见表2—2）

表2—2　　自动售票机常见故障

故障代码	故障名称	事件类别	故障代码	故障名称	事件类别
0	自动售票机正常	0	43	PC硬件故障	5
2	车票处理器通信故障	5	49	磁盘错误	5
3	时钟错误	2	55	关闭模式	1
4	未初始化	5	58	测试模式	1
7	与SC通信故障	5	59	登录	1
11	供票处卡票	5	60	连续编码验证错	5
12	传输通道卡票	5	62	紧急模式	2
15	非法入侵	3	69	硬币钱箱将满	2
27	供给票盒空	2	70	票少	2
29	维护面板不存在	2	71	开机	0
32	不正确的车票类型	5	72	使用黑名单上的票	4
33	审计寄存器失效	2	76	无找零模式	2
34	废票箱满	5	77	门被打开	2
41	分币器卡币	5	78	门被用钥匙打开	2
42	打印机缺纸	2	103	编码验证错	5

2.1.3 半自动售票机

人工售票机（BOM）和人工补票机（EFO）又称半自动售（补）票机或票房售（补）票机，是地铁车站工作人员对票务进行人工处理的票务终端设备之一。根据轨道交通运营的应用需求，人工售（补）票机可分成两种类型，即人工售票机和人工补票机。人工售票机具有发售AFC系统中所有车票的功能，采用人工方式对非付费区进行票务处理，如发售单程票、储值票（交通卡）加值、车票分析（验票）、退票及其他票务服务。人工补票机的主要功能是对付费区不能出站的车票用人工方式进行票务处理。

人工售票机通常设置在车站站厅层非付费区的售票房或票亭内，主要用于车票发售、储值票加值、票卡分析等，称为售票模式（BOM），而人工补票机则设置在站厅层付费区的补票亭内，用于车票的分析、补票、更新等票务处理，称为补票模式（EFO）。功能结合的人工售（补）票机可以同时为付费区和非付费区服务，兼顾售票及补票功能，使用同一台设备，但需对两个区域分别设置单独的乘客显示器，以适应处理不同区域乘客的票务。在大部分实行无人售票的车站中，票务处理通常由设置在服务中心内的能满足非收费区和收费区服务要求的售（补）票机集中完成。

半自动补票机不装备票卡发送装置及票卡发送读写器。

人工售（补）票机的人机接口包括操作员人机界面和乘客显示器。

操作员人机界面提供良好的图形界面，供操作员完成各种业务。操作员使用键盘、鼠标或触摸屏完成各项功能的选择，输入命令，并获得各种执行和操作提示。操作员在开始操作时应首先输入操作员号和密码进行登录，应用软件将根据操作员的权限开放允许的功能。人工售（补）票机的功能比较丰富，在人机界面的设计上应尽可能采用统一的入口，以方便操作员准确、快速地完成交易和各项服务。操作员人机界面上还应当同时显示设备的工作状态和故障信息。

人工售（补）票机还具有维护界面，用于对读写器、通信、车票发售机构、电源等部件进行测试，方便维护人员进行设备维护和尽快排除故障。

乘客显示器面向乘客，可以显示中英文信息，主要用于显示需要乘客确认的信息（如加值金额、本次交易金额等）、车票信息及交易的执行状态。

下面对人工售（补）票机的主要操作界面进行描述。

操作界面布局如图 2—8 所示。

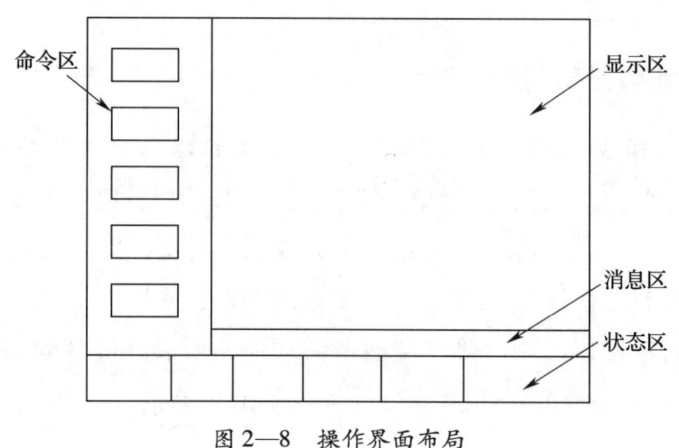

图 2—8　操作界面布局

操作界面由命令区、显示区、消息区、状态区组成。在操作界面上的命令区可以使用鼠标直接单击命令按钮，执行相应的命令，也可以使用热键执行相应的命令。例如，要注销时，在消息区内会提示“请按下 F12 退出”，此时敲（点）击键盘上的 F12 功能键即可注销系统。

1. 启动界面

启动界面是人工售（补）票机在开机时程序自动运行，不需要操作人员做任何操作，当屏幕上出现图 2—9 所示的系统启动界面图像时，等待数秒后即可登录。

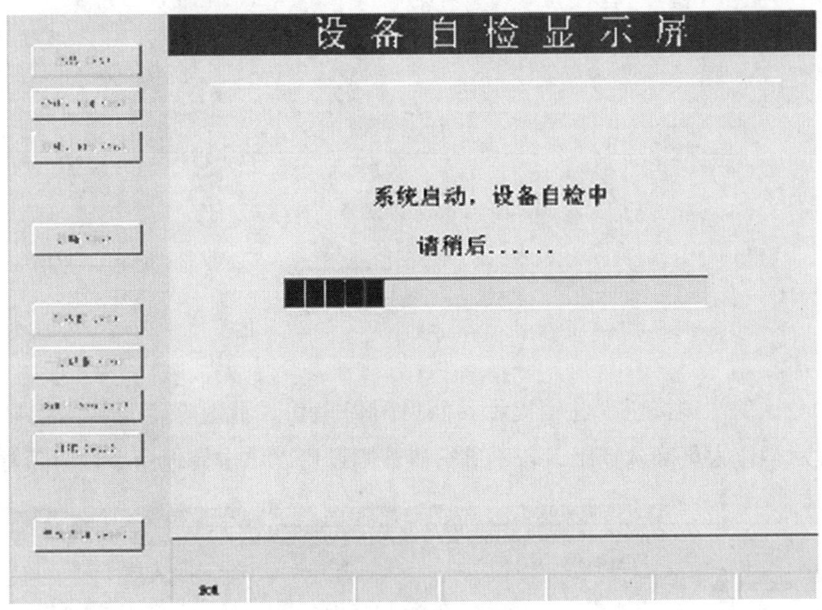

图 2—9　系统启动界面

2. 登录

任何时候只要操作人员没有进行登录操作，人工售（补）票机总是停留在登录界面等待用户登录，如图 2—10 所示。

此时若系统自检到参数无法生效，操作员都无法使用键盘输入操作员工号（ID）和密码登录系统。出现无法登录故障时可在检查各个外部设备的连接情况后，重新启动工控机。如果还是无法登录，需由维护人员检查。

输入操作员工号（ID），使用鼠标单击下面的文本框或敲击键盘上的 TAB 键跳进该文本框。输入密码，使用鼠标单击确认按钮或敲击键盘上的 ENTER 键登录到系统。不同身份的操作人员有不同的 ID 和密码，登录后的用户界面根据身份的不同而有所区别。

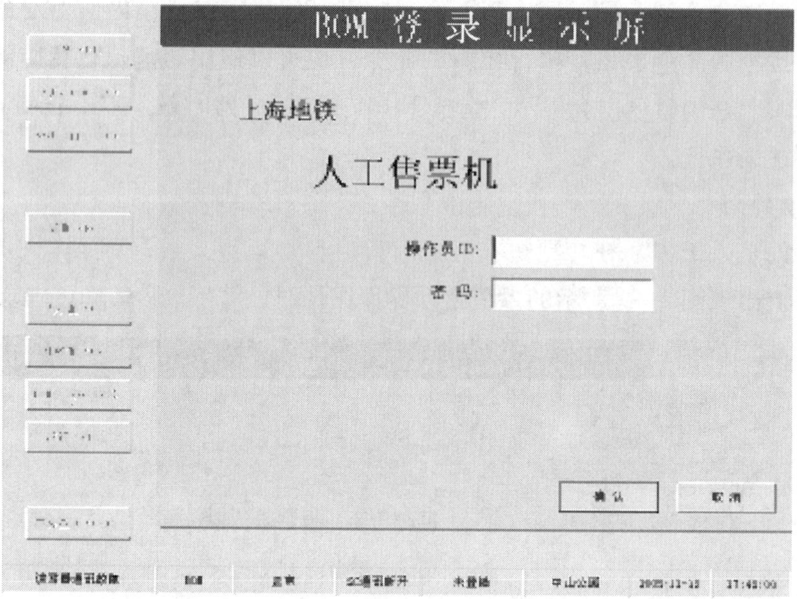

图 2—10 待登录界面

3. 注销

选择命令区的注销按钮（注销提示界面见图 2—11），此时在消息区内将显示注销提示信息。提示操作人员确认登录，若不进行确认则还可以单击其他命令按钮正常操作。

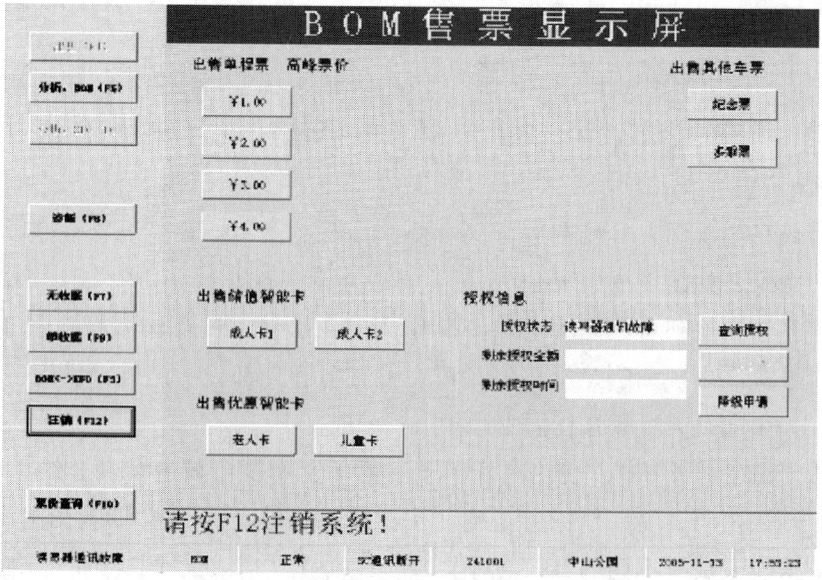

图 2—11 注销提示界面

再次单击注销按钮，或者按照消息区内的提示消息敲击键盘上的 F12 键，系统将注销，并将本次的登录（注销）信息记录在本机中上传到车站计算机（SC）。

4．BOM 发售

登录系统，即可进入 BOM 模式，也是系统的缺省模式。若要切换 BOM 和 EFO 模式时，可以单击 BOM/EFO 按钮或敲击键盘上的 F3 功能键进行切换。

在命令区单击票价按钮。在显示区即可显示单程票的发售界面，如图 2—12 所示。如图 2—13 所示，在消息区出现提示操作员将车票放在车票读写器上的提示信息。将可发售单程票（已初始化的车票或检票机回收的车票）放在车票读写器上，发售成功后，在发售窗口会出现新的票面金额信息，如图 2—14 所示。

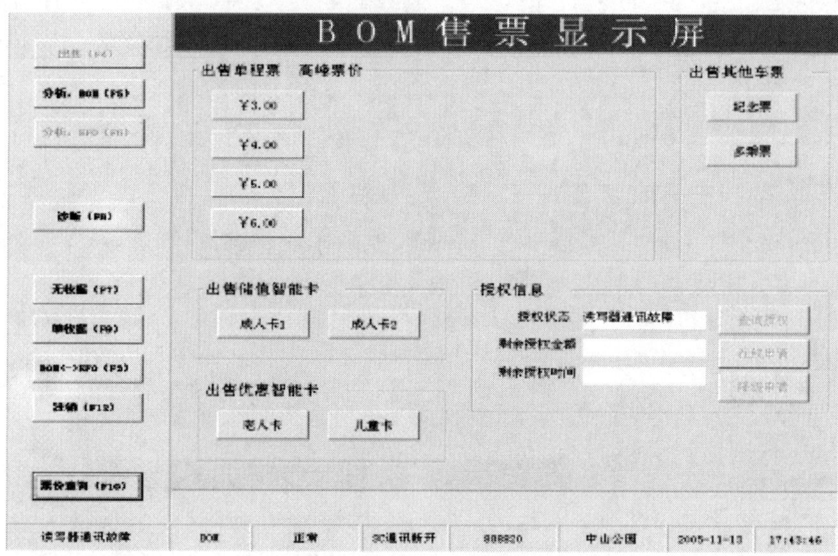

图 2—12　BOM 发售界面

继续放置车票在读写区域，可连续售票，售票完成按取消按钮退出售票界面。注意：在车票发售过程中，若所发售的车票存在车票介质的物理损坏或车票内部的数据损坏，则会发生无法发售的情况。此时在消息区内会有车票读错误信息，如图 2—15 所示，提示操作人员重新放一张空白车票在车票读写器上再次发售单程票。

5．BOM 分析单程票

BOM 提示操作人员将需要进行分析的车票放置在读写器上，系统会自动检测是否有需要分析的车票，如图 2—16、图 2—17 所示。

在消息区出现的提示信息有以下几种：

（1）请将车票放在读写器上。

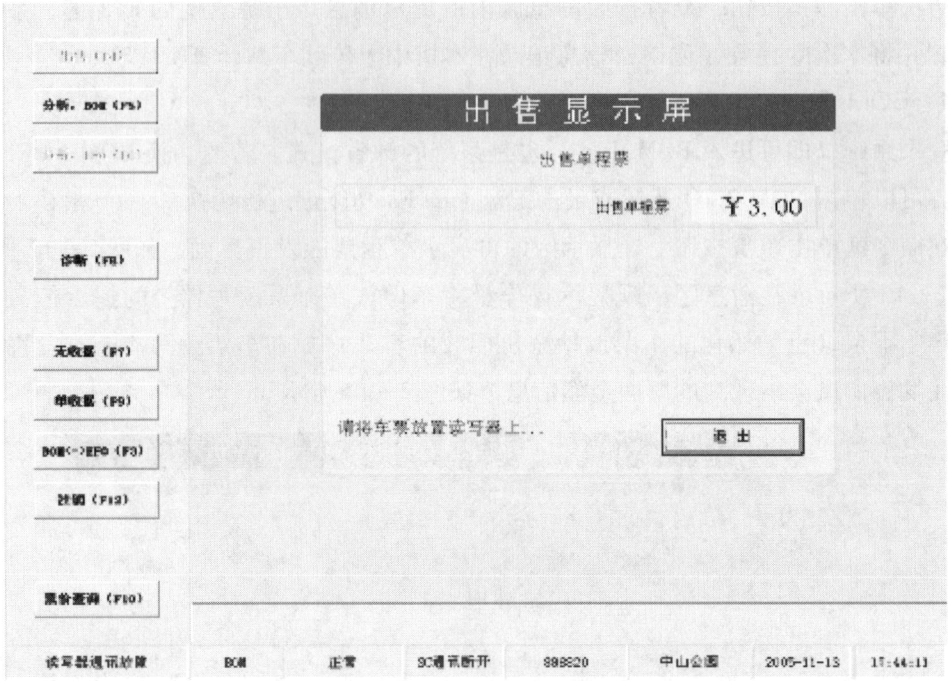

图 2—13　发售车票提示

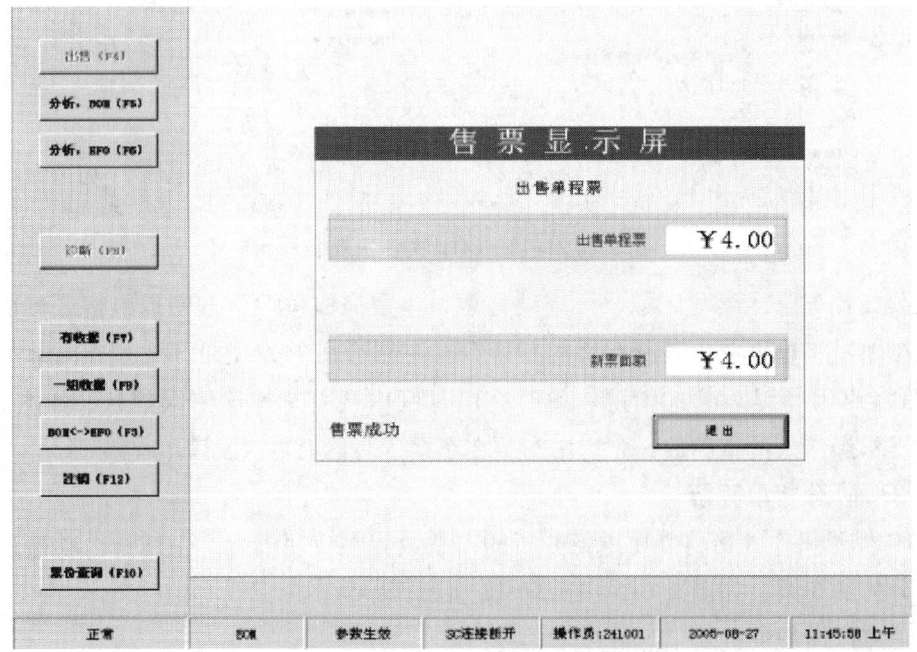

图 2—14　发售成功界面

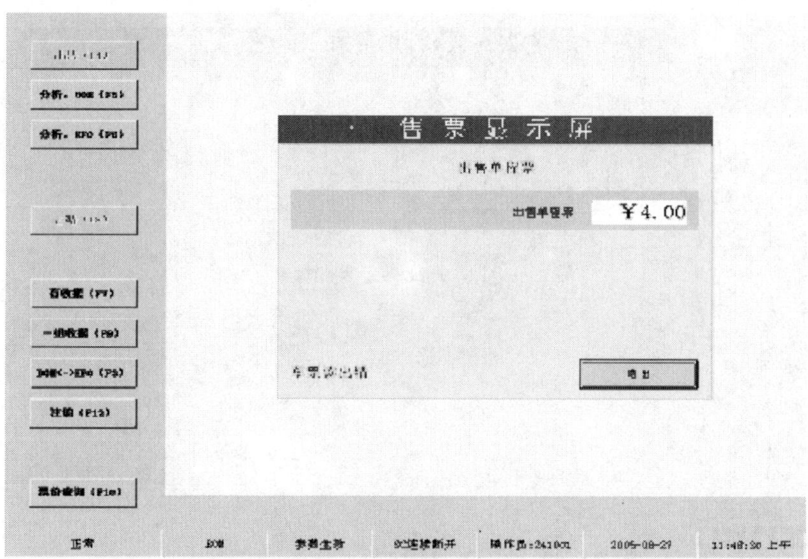

图 2—15　发售失败界面

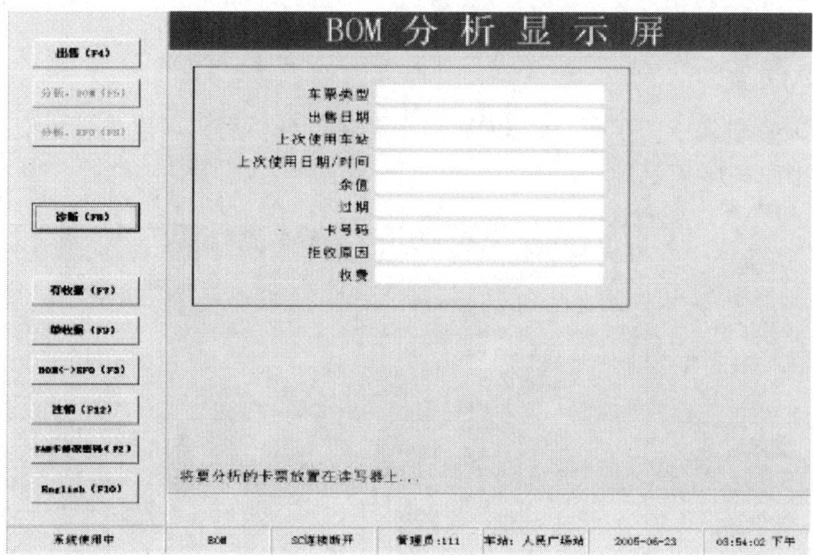

图 2—16　BOM 分析主界面

（2）无分析错误。

（3）交易标志错，不能进站。

（4）无效的卡类型。

（5）过期票。

（6）金额不足，不能进站。

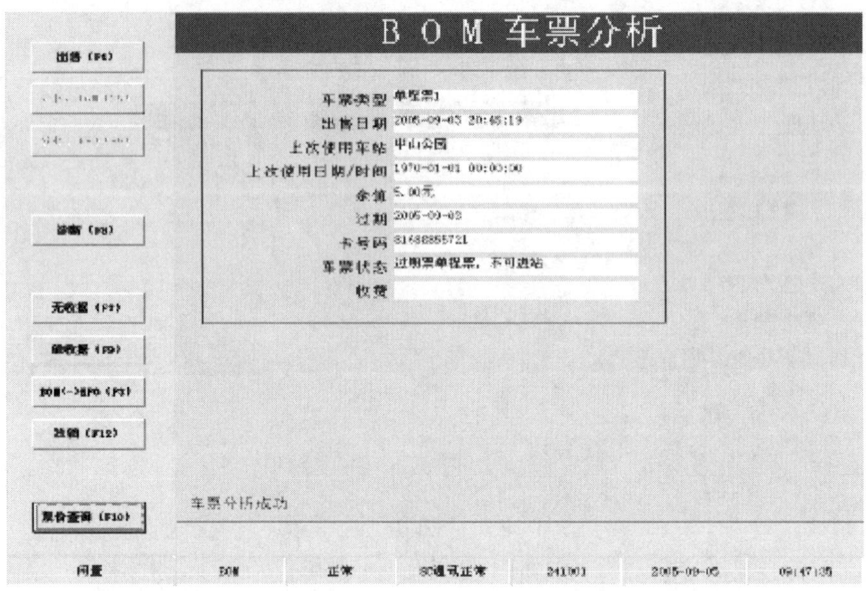

图 2—17　BOM 分析单程票

6．BOM 更新

具备下述条件之一的车票，经 BOM 对车票进行分析后，可以进行免费出站更新，更新界面如图 2—18 所示。

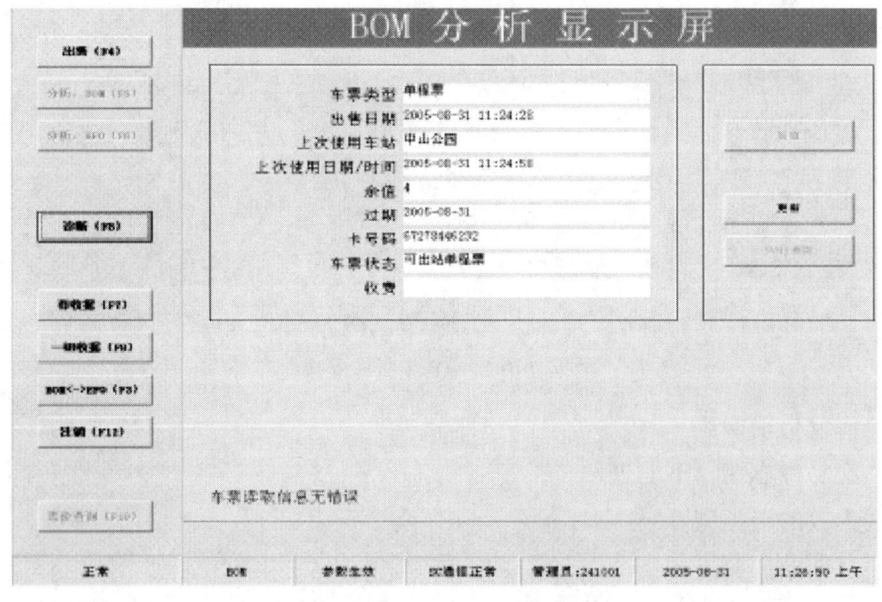

图 2—18　BOM 更新界面

（1）单程票或储值票为“进站”状态的车票，进站车站为本站，且进站时间在15 min内。

（2）单程票或储值票为“进站”状态，进站时间在过去的7天内，且进站车站在过去的7天内发生过紧急模式。

7. 储值票分析

如图2—19所示，单击命令区的BOM分析按钮或敲击键盘上的F5功能键进入BOM分析界面。将储值票放在读写器上，系统会自动检测其信息，并出现相关的命令按钮。系统对于交通卡不回收，操作人员无法对储值票进行回收操作，成功分析储值票后会提示操作人员分析无错误。

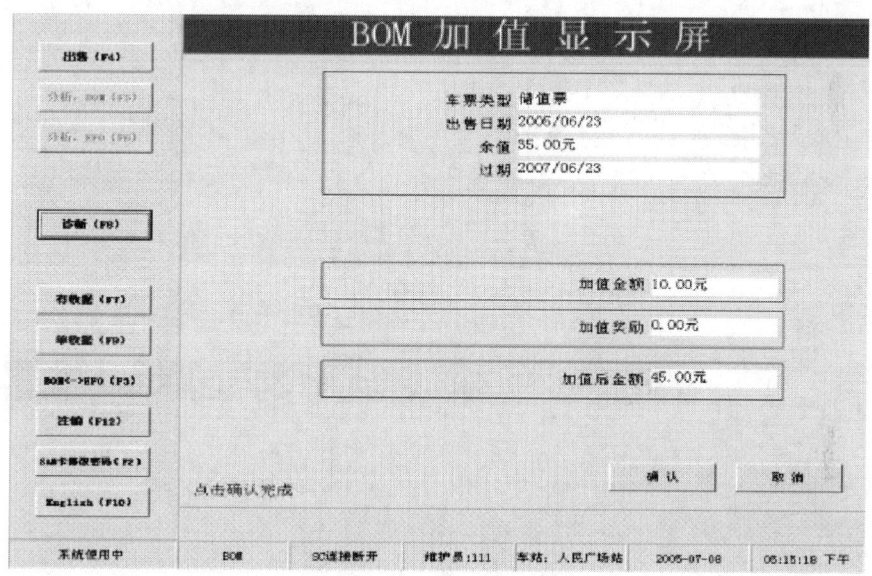

图2—19　储值票更新界面

8. 储值票加值

在操作员对成功分析的交通卡发送加值命令后，系统会提供可加值的金额选择，并提示操作，操作人员选择要加值的金额后单击确认，如图2—20所示。

系统提示操作人员此次加值操作中对交通卡所要加值的金额、加值奖励和加值后卡内金额，确认后单击确认进行加值，如图2—21所示。

9. EFO售票

登录系统，进入BOM模式，可以单击BOM／EFO按钮或敲击键盘上的F3功能键进入EFO发售界面，如图2—22所示。

BOM 加值显示屏
出售（F4）
诊断（F8）
有收据（F7）
单收据（F9）
注销（F12）
English（F10）
车票类型 储值票
出售日期 2005/06/23
上次使用车站 徐家汇站
上次使用日期/时间 2005/06/23 18:41
余值 35.00 元
过期 2007/06/23
卡号码 20004562879
拒收原因 正常票
收费
金额选择
10.00元
50.00元
20.00元
100.00元
选择加值金额
系统使用中
BOM
SC连接断开
管理员:111
车站：人民广场站
2005-06-23
03:37:05 下午

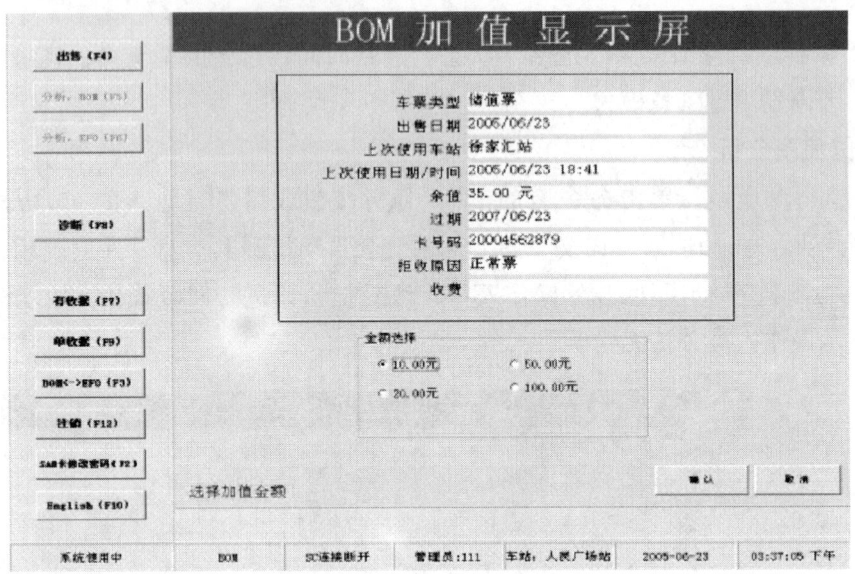

图 2—20　储值票加值界面

BOM 加值显示屏
出售（F4）
诊断（F8）
有收据（F7）
单收据（F9）
注销（F12）
English（F10）
车票类型 储值票
出售日期 2005/06/23
余值 35.00元
过期 2007/06/23
加值金额 10.00元
加值奖励 0.00元
加值后金额 45.00元
确认
取消
点击确认完成
系统使用中
BOM
SC连接断开
维护员:111
车站：人民广场站
2005-07-08
05:15:18 下午

图 2—21　储值票加值成功界面

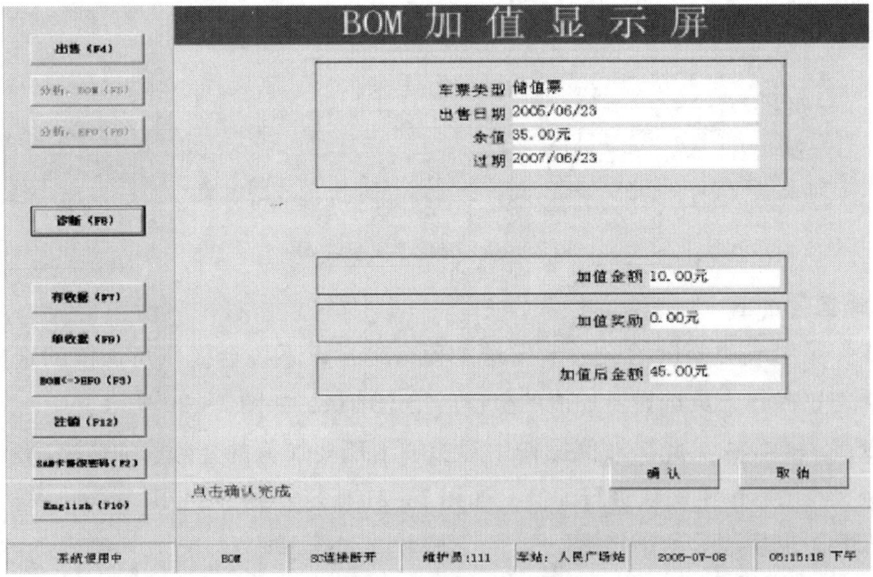

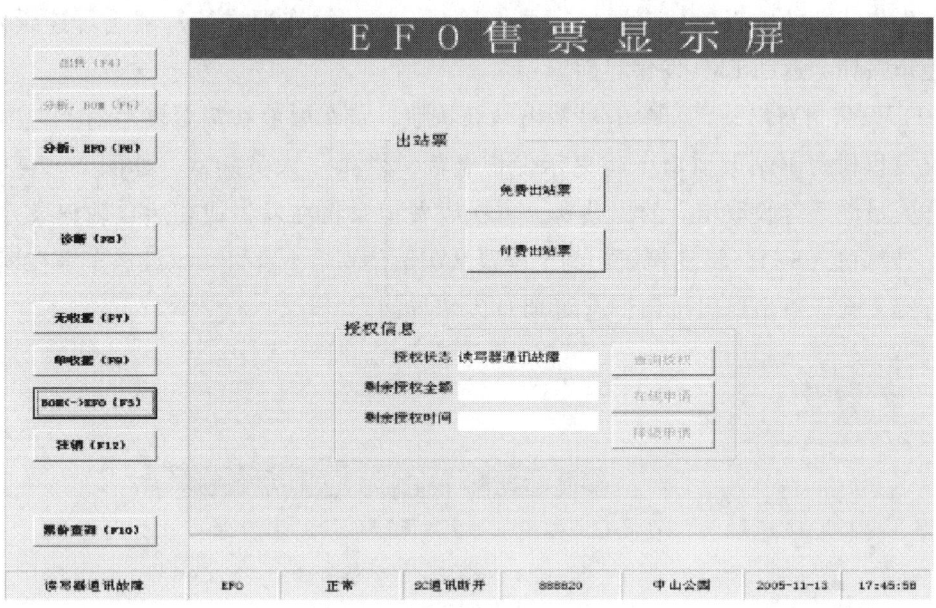

图 2—22　EFO 主界面

（1）发售免费出站票。进入 EFO 售票模式，单击免费出站票按钮。将车票放在车票读写器上，读写成功后在发售免费出站票窗口上将显示发售金额，供操作人员确认，如图 2—23 所示。

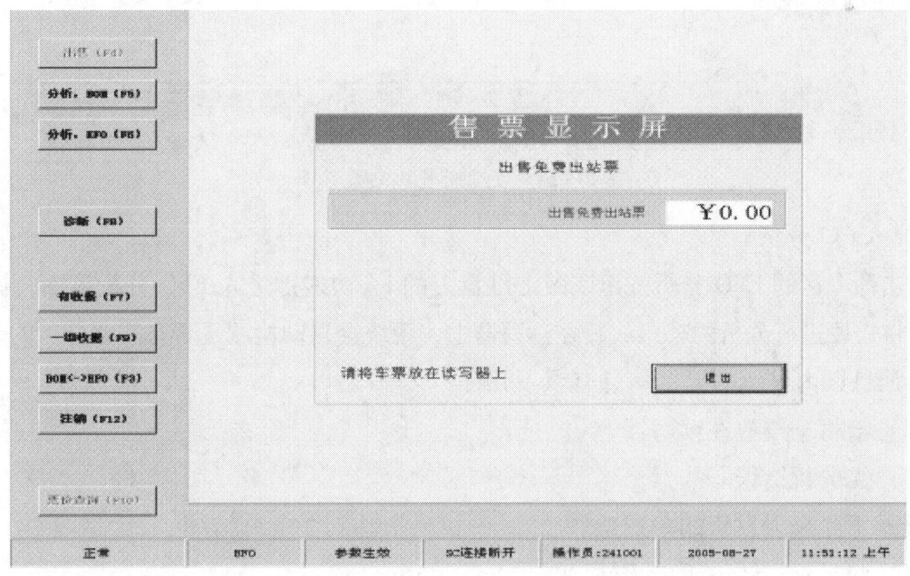

图 2—23　发售免费出站票界面

将发售成功的单程票从车票读写器上移开。继续放车票在读写器上可连续发售。单击退出按钮，返回 EFO 发售界面。

（2）发售付费出站票。单击付费出站票按钮，将车票放在车票读写器上，读写成功后在发售付费出站票窗口上将显示发售金额，供操作人员确认，如图 2—24 所示。由操作人员向乘客收取相应的出站费，本次收费记录将在发售成功后自动记录并上传到车站计算机（SC）。将发售成功的单程票从车票读写器上移开。继续放车票在读写器上可连续发售。单击退出按钮，返回 EFO 发售界面。

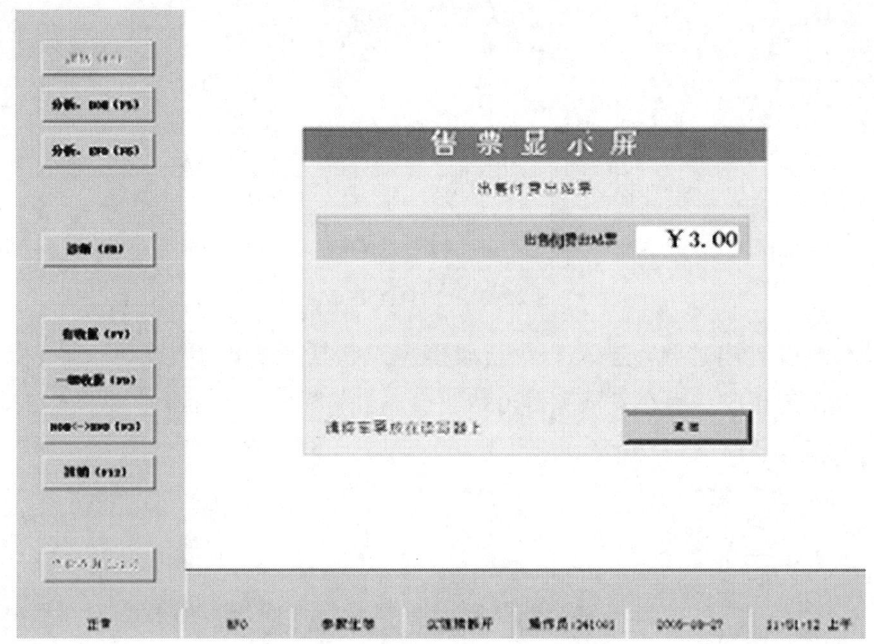

图 2—24　发售付费出站票界面

10. EFO 分析

单击命令区的 EFO 分析按钮或敲击键盘上的 F6 功能键进入 EFO 分析界面，提示操作人员将需要进行分析的车票放置在读写器上，系统会自动检测是否有需要分析的车票。

在消息区内显示的提示信息有以下几种：

（1）请将车票放在读写器上。

（2）无分析错误。

（3）不是今天发售的单程票。

（4）交易标志错，不能出站。

（5）无效的卡类型。

（6）过期票。

（7）金额不足，不能出站。

（8）超时，不能出站。

（9）已超乘，不能出站

11. EFO 更新

操作人员对有问题的车票进行 EFO 分析后（见图 2—25），可以进行更新。单击更新功能，系统提示操作人员选择车票的进站车站，并单击确认进行更新。EFO 更新界面如图 2—26 所示。

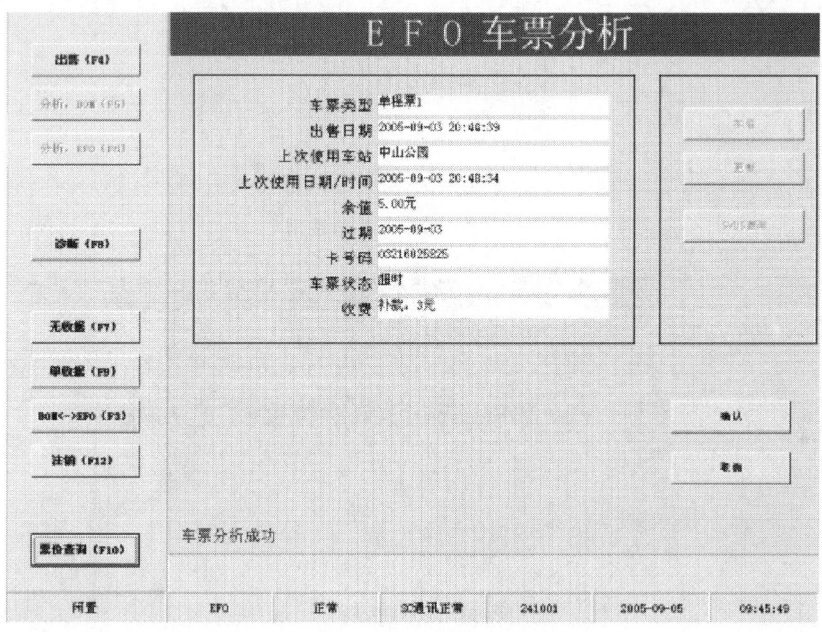

图 2—25　EFO 分析界面

12. 关闭

人工售（补）票机会根据车站计算机下发的参数要求，或由车站计算机的操作命令，自动将本机设置为“关闭服务”状态，如图 2—27 所示。

13. 收据打印

在人工售（补）票机的任何时候都可以设置是否打印报表，当操作界面上的按钮为有收据时表示当前正处在打印收据状态；反之亦然。单收据状态表示每次操作都会打印相应的报表或收据。一组收据状态表示只有在完成当前的功能操作后（如连续发售若干张车票等）才会一次打印刚才所有相关报表或收据。

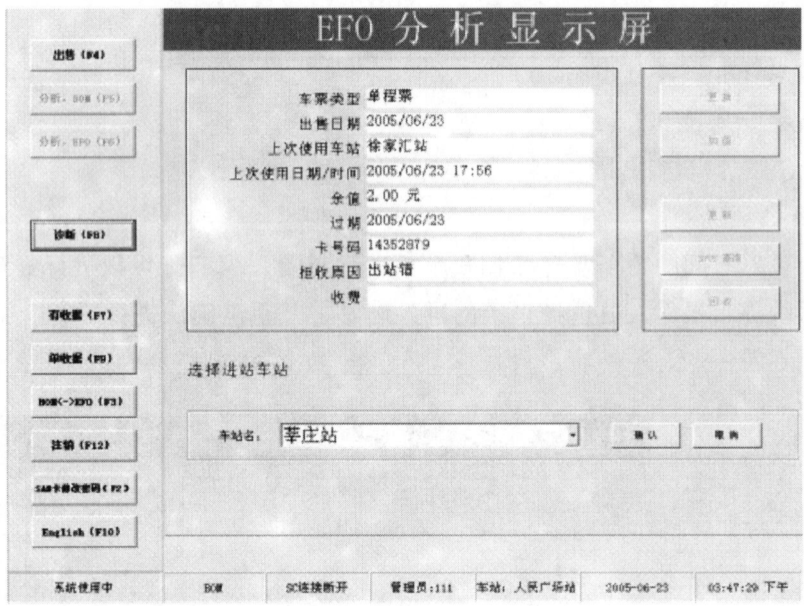

图 2—26　EFO 更新界面

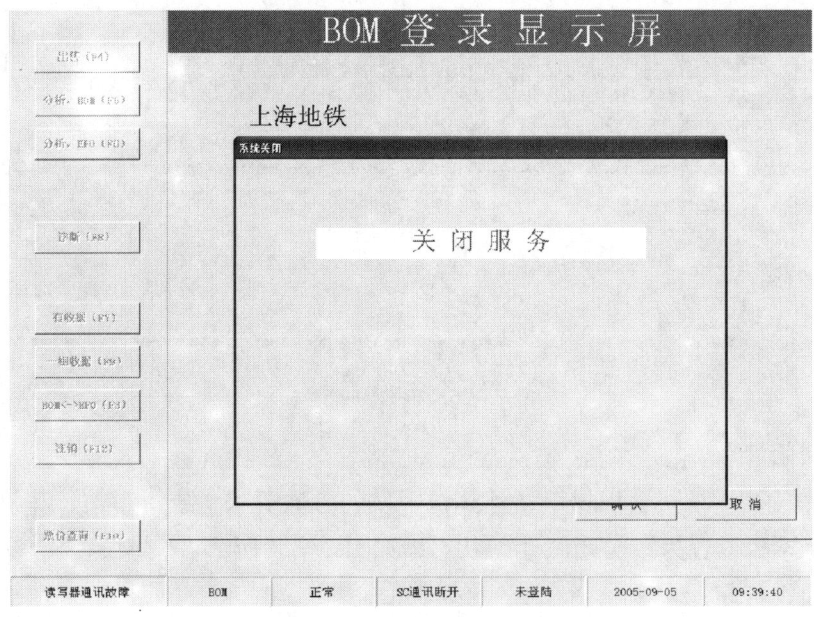

图 2—27　关闭服务界面

14. 自动车票发售

在 BOM 主操作界面上有手动或自动发售车票的切换按钮选项。

在自动发售界面上有以下操作选项：

（1）车票类型选项（接受参数下发，能自动生成调整）。

（2）票价选项框（根据参数生成）。

（3）张数输入项（手动输入，单次最大数值为100张）。

具有对输入选项操作进行确认或取消的操作键。确认完毕设备进行操作。若按取消键，操作界面回退到自动发售的初始界面，重新进行输入操作。

2.1.4 充值机

加值验票机（Card Vending Machine 简称 CVM）通常安装在非付费区，供乘客自助完成对储值票的加值或车票查验等其他服务。采用纸币加值，不设找零。

加值验票机由乘客显示器、触摸屏、IC 车票读写器及天线、纸币处理单元、吞卡器、计算机、维护面板或移动维护终端接口、乘客接近传感器、机身、支持软件、电源模块（含 UPS 或电池）等部件组成。

1. 加值验票机的功能

（1）储值票加值功能。加值验票机允许乘客使用现金或银行卡对储值票进行加值操作。

（2）车票查验功能。加值验票机可以用于乘客验票，给出车票内的各种信息，包括历史交易信息等。

（3）其他服务功能。加值验票机还可以增加其他自助式查询功能，即提供多媒体查询能力，例如，查询路网票价、车站出入口分布图、地面道路及公交换乘信息等。这些自助式查询功能并不是加值验票机必须具备的功能，但加值验票机上增加这些增值服务并不复杂，可以丰富设备功能，提高设备的利用率。

加值验票机设置成只可接受纸币付费，具备一次操作多金额功能，充值上限可由中央计算机通过下传参数进行设置；加值验票机具备方便、友好的人机交互等功能。加值验票机采取了多项保护和容错措施，保护纸币存储安全，保持网络、数据传输的可靠性，保证数据的完整性、保密性、真实性和一致性。

加值验票机收集车票交易和设备状态信息后上传给车站计算机（SC），由车站计算机（SC）上传给中央计算机（CC）。同时接收 SC 或 CC 下传的命令、黑名单及其他参数等数据，并能对版本控制参数执行自动生效处理；保持与时钟服务器时间同步的功能。

加值验票机必须与中央计算机系统的通信正常，在确保设备接收充值授权后才可正常使用，如果无法接收充值授权，加值验票机将退出运行。加值验票机人机业务流程如图 2—28 所示。

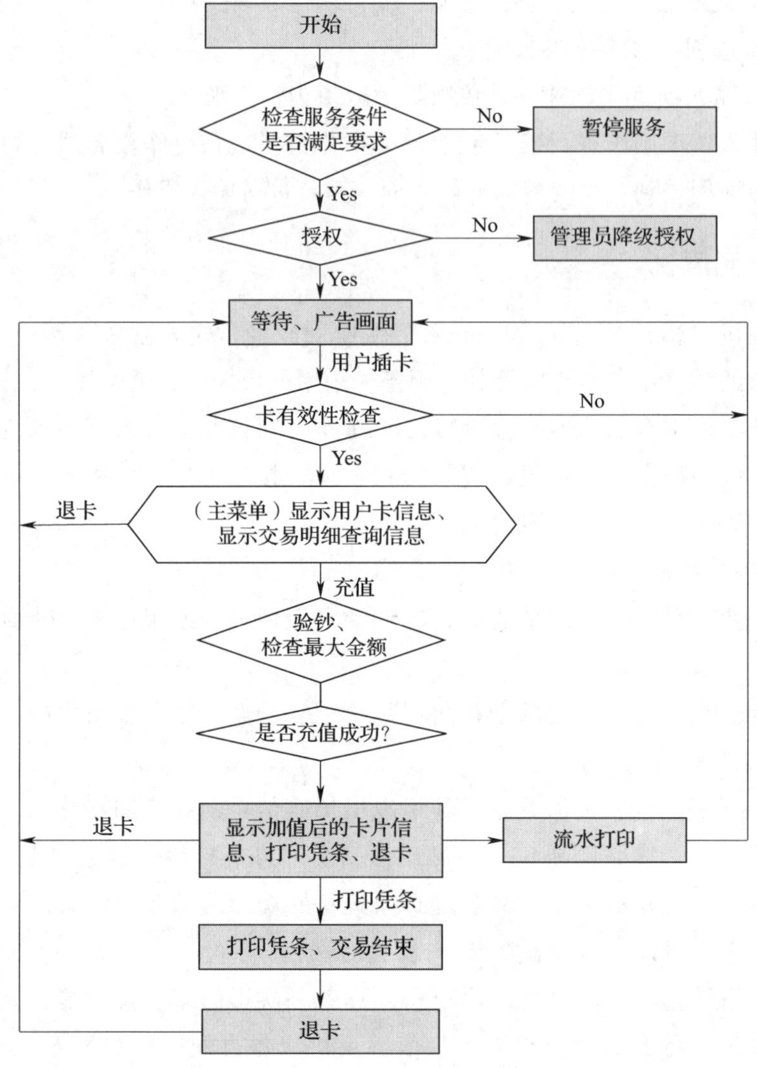

图 2—28　人机业务流程

2. 乘客卡片信息

加值验票机可以提供中文、英文两种操作界面。当乘客单击“English”按钮时，可以将当前操作中显示的中文语种切换为英文语种。

在乘客选中某种语言后，直到其操作完成退卡前，加值验票机将锁定其指定语种的交互操作界面。

（1）充值。用手触摸屏幕，点击【充值】按钮，可以进入加值操作的功能界面，充值信息如图 2—29 所示。

在充值界面中，CVM 屏幕会显示指导乘客如何操作的信息；显示交通卡的当前余额、状态、有效期等信息；同时也会提示卡片允许最大金额的限制（1 000 元）。

乘客在验钞器中插入一张纸币（只能插入一张纸币；否则纸币将会被退出），验钞器进行纸币识别。如果纸币处理单元无法识别插入的纸币，纸币将会被退出，并以语音的形式提示乘客收起自己的纸币；否则，出现需要乘客进行选择的界面，如图 2—30 所示。

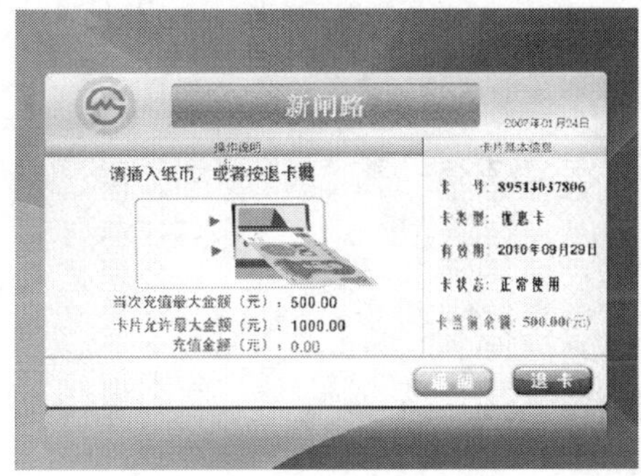

图 2—29　充值信息　　　图 2—30　操作选择

乘客选择【确认】按钮，系统进行充值。充值成功后，返回图 2—31 所示的界面：

在这个界面中，乘客可以选择继续充值，也可以选择打印凭条，如果选择直接退卡，则交通卡会被退出，乘客收好自己的交通卡，本次交易结束。

（2）验钞。当乘客选择“充值”按钮时，纸币处理单元会激活，此时纸币处理单元的指示灯会亮，等待乘客插入钞票，当乘客放入钞票时，如果钞票为纸币处理单元所能识别的币种（这里主要是人民币），则提示图 2—32 所示的信息。

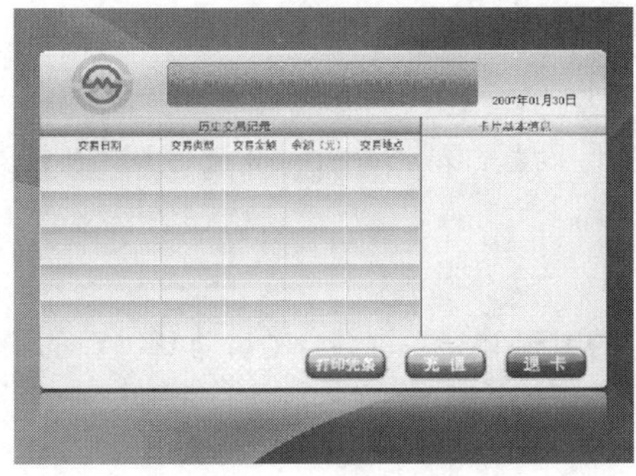

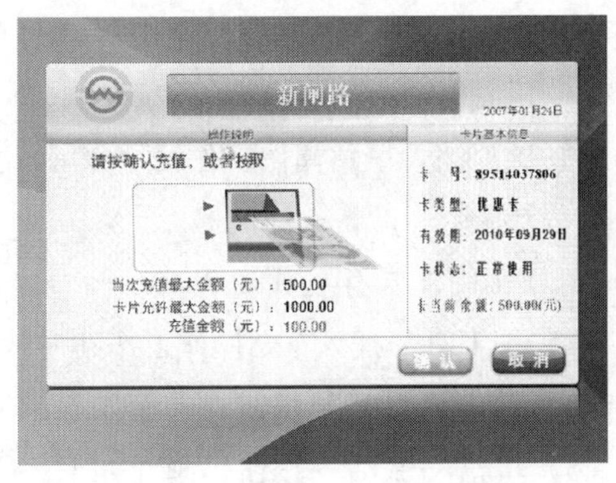

图 2—31　充值成功　　　图 2—32　验钞钞票信息（中文）

如果 CVM 屏幕显示已经切换为英文显示，则在单击“Add Value”后进入英文界面。

（3）打印格式。每笔交易记录打印格式如图 2—33 所示。每笔操作凭条打印格式如图 2—34 所示。

充值日期	: 2006-10-10　12:23:43
流　水　号	: 000987　　卡机 : 0012
卡　　　号	: 01234567890123456
卡　状　态	: 正常
充值金额	: 100 元
期　　　限	: 2008-12-31
操作结果	: 成功
地铁站名	: 上海体育馆

图 2—33　流水打印格式

充值日期	: 2006-10-10　12:23:43
流　水　号	: 000987　　卡机 : 0012
卡　　　号	: 01234567890123456
卡　状　态	: 正常
充值金额	: 100 元
期　　　限	: 2008-12-31
操作结果	: 成功
地铁站名	: 上海体育馆

图 2—34　客户凭条打印格式

技能要求

票务设备操作

根据面板故障提示，对 BOM 故障进行判断和处理。

操作准备：

1. 场地应选择有 AFC 设备的车站或实训车站。
2. AFC 设备钥匙。

操作步骤：

1. 正确判断故障

2. 对故障进行正确的处理

（1）在 SC 界面，用鼠标单击故障的 BOM，得知故障原因。

（2）安装 UKEY

把 U 盘插入车站操作工作站（SOC）并打开 U 盘，双击 Install. bat 进行 UKEY 的安装。安装好后，重新启动机器。

（3）UKEY 启用操作流程

1）把 UKEY 插入车站操作工作站（SOC）的 USB 口，系统会自动启动 UKEY 程序。

2）单击“打开”按钮，画面如下：

3）单击“激活”按钮，画面如下：

4）单击“激活请求”按钮，在激活请求码下出现一串数字。

5）通过电话或手机激活 UKEY，具体操作方式如下：

方式一，通过电话请求激活：

拨电话号码（电话号码略）。拨通后根据语音提示输入“激活请求码”并按#号结束，记录好电话提示的号码，并将号码输入“激活认证码”框中，然后单击“激活认证”按钮（如果认证码输入错误，系统将会进行提示）。

方式二，通过手机请求激活：

把得到的“激活请求码”通过短信方式（短信手机号码略）发送到相应的号码，会收到一条包含“激活认证码”的短信，将号码输入“激活认证码”框中，然后单击“激活认证”按钮（如果认证码输入错误，系统将会进行提示）。

6）单击“服务”按钮，成功启动UKEY。

注意事项：

操作应安全规范，无违规操作，无违章操作。

2.2　车站FAS系统的操作和故障处理

知识要求

2.2.1　消防报警系统概述

从发展过程来看，火灾报警系统大体可分为以下三个阶段：

第一阶段，传统火灾探测报警系统阶段（1980年以前）。采用多线型火灾自动报警系统，每个探测器除需提供两根电源线外，还需提供一根报警信号线。探测器电源由报警器提供。探测器为非编码开关量型产品，探测器的信号线均连接到报警显示盘上，报警时点亮相应的指示灯，如日本“日探”公司生产的CPF火灾报警系统，此类系统的功能一般以报警为主，辅以一些简单的联动功能（也为多线制），如驱动警铃等。其报警器对外围探测器无故障检测功能，只会对电源线的断线做出故障反应，安装此类系统比较烦琐。

第二阶段，总线制火灾探测报警系统阶段（1980年以后）。这种自动报警系统已采用微处理器控制，其线制一般有四线制、三线制、二线制。探测器和模块均采用地址编码形式，通过总线与控制器实现信号传送。其探测器的报警形式为开关量，它的灵敏度在制造时通过硬件决定，不可调整。此类系统可进行现场编程，并通过各种模块对各联动设备实行较复杂的控制。此类系统已具有系统自检以及对外围器件的故障检验等功能，但对故障类型不能区分。目前，国内生产的火灾自动报警系统大多为此类产品，由于此类产品具有报警和控制功能，它的施工、安装较为方便，且价格较低，已被大量使用。

第三阶段，智能型火灾自动报警系统，属于模拟量总线系统（1995 年以后）。由于采用了先进的计算机控制技术，智能化程度大大提高。探测器的报警形式采用数字量，并可通过软件对其灵敏度根据使用场合、时间进行设定和调整，它能将环境的火灾参数（如可设定白天、夜间、休息日不同灵敏度）变化量发送给报警控制器，报警控制器将一组参数与事先存入计算机的标准变化特性曲线进行比较，以确认火灾是否发生。对探测器的使用环境参数变化较大的场所，灵敏度设定相对低一些；对环境较稳定或一些重要的场所，灵敏度设定相对高一些，这一功能可提高系统的稳定性及可靠性，减少误报。因此，智能型设备具有更高的可靠性和抗误报警的能力。

国外一些较发达的国家都有火灾预防、报警、扑救、善后处理等比较完善的消防体系。政府每年都要拨出大笔资金用于消防设备更新、人员培训以及消防设施维护。德国、日本、美国等国家就采用计算机与用户终端的传感器或者用户终端信号采集器相连，对火灾自动报警设备实时监控以及进行故障远程传输。例如，美国、加拿大、英国、澳大利亚、日本等国家在建设和应用城市火灾自动报警监控系统方面均有可供借鉴的成功经验。他们将自动火灾报警作为公共报警手段接入监控系统，并有效运行多年，使消防指挥中心能够快速、准确地判断火灾地点、火灾类型，并调度消防部队迅速到达现场，自动报警监控系统在此起到了很大的作用。此外，这些国家在监控系统管理方面比较规范，专门成立一个监控服务机构，该机构的责任是保证火灾报警数据通信畅通，为用户服务，对用户负责，同时向消防部队传送可靠的火灾报警信息，而消防部门的主要责任是对此类服务机构进行资质审查及监督管理。这种管理运作方式已经取得了良好的效果。

我国火灾报警系统起步比发达国家晚几十年，从 20 世纪 70 年代才开始研制生产火灾报警系统产品。进入 80 年代后，国内主要厂家也多是模仿国外产品，或是引进国外技术进行生产，没有真正意义上的核心技术，并且市场也刚刚开始发育。火灾报警产品真正发展是在 90 年代以后，随着政府逐渐开放国门，国外企业开始大量进入我国消防市场，带来先进技术的同时也促进了市场的成熟。这段时期，我国生产火灾报警产品的企业也得到了快速发展，部分企业进行了合资生产、技术合作，取得了不菲的成绩，也造就了现今市场上许多有实力的商家，部分技术已接近或赶上国际水平。

1．消防报警系统的特点

（1）当火情发生时能迅速、准确地发出火警信号，并显示火情发生的地点、内容等信息。

(2) 当火情发生后能立即启动防排烟系统、固定灭火系统，并有明确显示；能迅速切断灾区电源，以防止电气失火，同时启动安全疏散人员的照明系统。

(3) 除报警功能外，系统本身还应具备自诊断功能，能及时报告系统各部分发生的故障。

(4) 系统必须设置备用电源。当主电源失电时，能自动切换并启动备用电源，确保系统正常运行。

(5) 系统自身具备记忆功能，能自动记录火情及故障发生的地点和时间，以备事后的查询和分析。

2. 上海地铁使用的 FAS 系统

在借鉴世界各国地铁火灾事故惨痛教训的基础上，上海地铁安装了大量的消防安全设施，帮助人们在火灾紧急情况下逃生灭火。上海地铁消防系统主要包括以下几个子系统：

(1) 防灾报警系统。该系统由中央和车站两段组成。主要有报警探头，其安装数量按各车站的大小而论，通常为一个车站 100 ~ 300 个探头不等。每个车站安装部位大致分布在站厅层、站台层、通道、设备房间内。

(2) 灭火系统。车站的灭火系统主要有消火栓，水喷淋、水幕、气体灭火系统、高压细水雾等。

(3) 防排烟系统。当地铁发生灾害时，由于是地下密闭空间，烟雾很难及时排除。故地铁隧道里设有专门的排烟装置，一旦发生火灾，隧道事故风机系统就会启动，在最短时间内排出烟雾，防止乘客中毒或窒息。

(4) 疏散系统。由于地形复杂，因此，地铁逃生时照明系统就成为疏散成功的重要条件。在上海地铁车站的公共区域都安装有疏散标志和事故照明系统。

2.2.2 消防报警系统组成

火灾自动报警系统由报警主机、外围设备、管网及网络等设备组成。其中外围设备即配套设备，由手动报警器、模块、电话、探测器等组成。它具有以下功能：能在火灾初期将燃烧产生的烟雾、热量、火焰等物理量通过火灾探测器变成电信号，传输到火灾报警控制器，并同时显示出火灾发生的部位、时间等，使人们能够及时发现火灾，并及时采取有效措施，扑灭初期火灾，最大限度地减少因火灾造成的生命和财产损失，是人们同火灾做斗争的有力工具。

火灾自动报警系统的组成：火灾自动报警系统主要由触发器件（火灾探测器）、火灾报警装置及具有其他辅助功能的装置组成，它除了能在火灾初期将燃烧产生的烟雾、热量和光辐射等物理量，通过火灾探测器变成电信号，传输到火灾报警控制器，并能发出声、光警报信号，启动消防联动设备。

上海轨道交通采用的火灾报警控制主机具有模块化结构，运用 CPU 技术，同时采用液晶屏显示，具有功能扩展方便、技术要求复杂、硬件可靠性高等特点。利用智能型数据总线技术确保报警的精确性和准确性，并与 BAS 系统集成联网，共同完成火灾工况。如图 2—35 所示为火灾自动报警系统的基本架构。

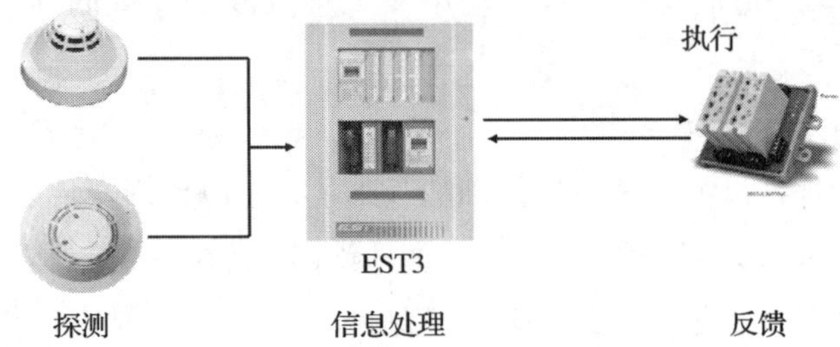

图 2—35　火灾自动报警系统的基本架构

1．消防图形显示系统

车站消防图形显示系统（简称 GCC 系统）安装在车控室内，GCC 系统可以对车站内的消防设备进行监控和操作，其主界面如图 2—36 所示，图 2—37 所示为 GCC 系统车站监测界面。

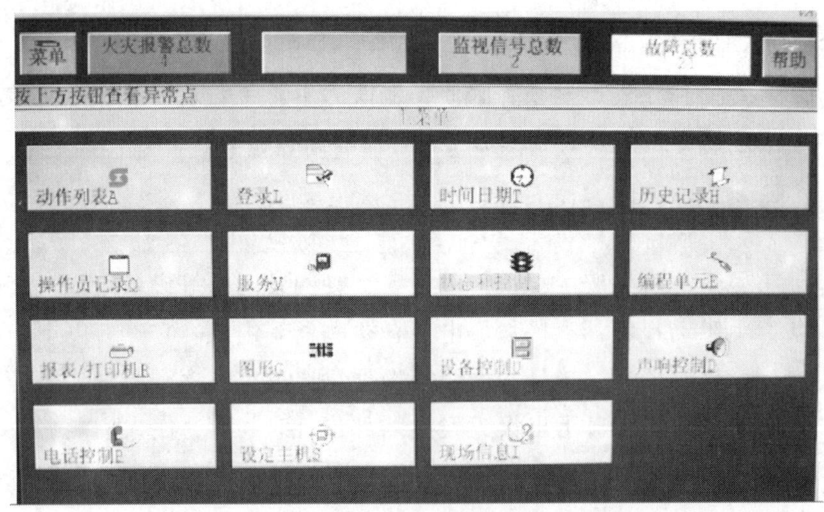

图 2—36　GCC 系统主界面

注：由于 GCC 系统的计算机用软件狗进行了加密保护，因此不要使用主菜单中的“登录”按钮，以防止系统降级。

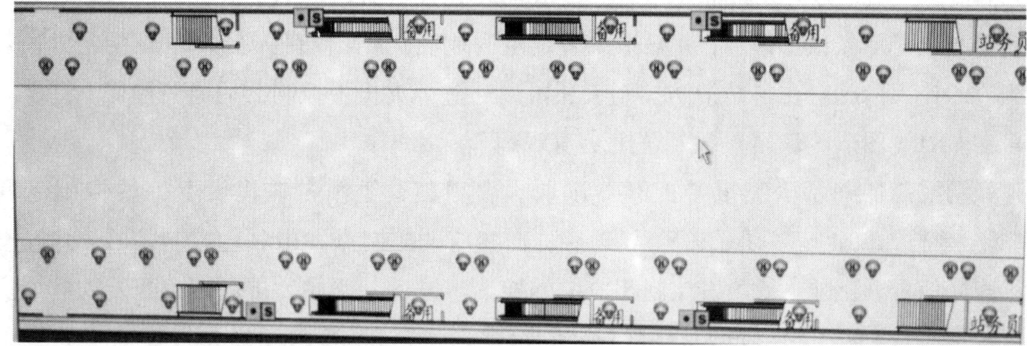

图 2—37　GCC 系统车站监测界面

2. Simplex 系统网络

FAS 控制框图如图 2—38 所示，火灾自动报警系统的工作原理：通过火灾燃烧物初期燃烧所产生的烟气、热量，由烟感、温感等探测器收集后变为电流信号传递给火灾报警主机，火灾报警器立即以声、光、图、电流信号发出报警，按事先设置的报警程序向相关系统提供信息和火灾应急操作。地铁火灾自动报警系统包含地铁火灾探测报警系统、消防联动控制等，是地铁防火救灾工作进行自动化管理的系统之一。地铁火灾自动报警系统设置为中央级和车站级两级控制。中央级火灾自动报警系统应设置在控制中心。车站级火灾自动报警系统设置在车站控制室。

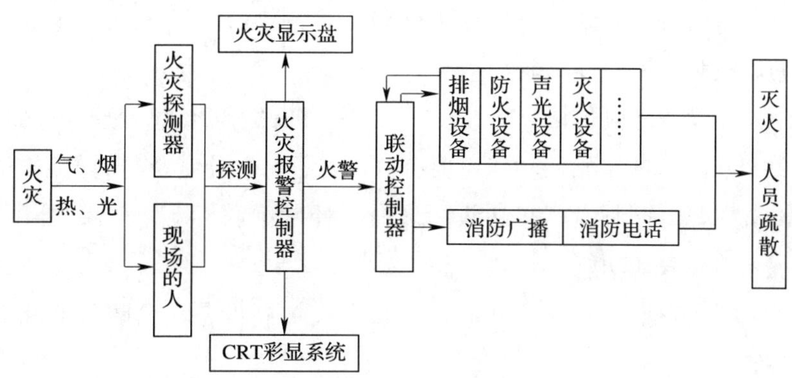

图 2—38　FAS 控制框图

火灾探测器通过对火灾发出的燃烧气体、烟雾粒子、温升和火焰的探测，将探测到的火情信号转化为火警电信号。在现场的人员若发现火情后，也应立即直接按动手动报警按钮，发出火警电信号。火灾报警控制器接收到火警电信号，经确认后，一方面发出预警、火警声光报警信号，同时显示并记录火警地址和时间，告诉消防控制室（中心）的值班人员；另一方面将火警信号传送至火灾显示盘，火灾显示盘经信号处理，发出预警和火警声光报警信号，并显示火警发生的地址，通知值班人员立即查看火情并采取相应的扑灭措施。在车站消防控制室还可以通过火灾报警控制器的通信接口，将火警信号在 CRT（图形工作站）显示屏上更直观地显示出来。

联动控制器则从火灾报警控制器读取火警数据，经预先编程设置好的控制逻辑（“或”“与”“片”“总报”等）处理后，向相应的控制点发出联动控制信号，并发出提示声光信号，经过执行器去控制相应的外控消防设备，例如，排烟阀、排烟风机等防烟、排烟设备，防火阀、防火卷帘门等防火设备，警铃、警笛和声光报警器等警报设备。关闭空调，使电梯迫降，打开人员疏散指示灯等；启动消防泵、喷淋泵等消防灭火设备；切断非消防电源，启动消防广播，释放门禁和 AFC 闸机落杆等。外控消防设备的启、停状态应反馈给联动控制器主机并以光信号形式显示出来，使车站消防控制室（中心）值班人员了解外控设备的实际运行情况，利用消防内部电话和消防内部广播起到通信联络和对人员疏散、防火灭火的调度指挥作用。

FAS 系统由中央级设备、车站级设备及连接中央级及车站级的网络组成。

（1）中央级。FAS 中央级监控功能主要是监视地铁全线各车站、区间隧道、控制中心大楼、车辆段、停车场、主变电站等下属所有区域的火灾报警、消防联动和故障情况，在火灾发生时承担全线防灾指挥中心功能。

中央级设备由两台图形命令中心 GCC（位于控制中心调度大厅）组成，实现对全线火灾情况的监控和时钟同步功能。

另外，中央级设备还应包括位于控制中心 FAS 机房内的信息处理服务器。

（2）车站级。FAS 的车站级功能主要有监视、报警、控制及与其他系统的联动等。

车站级设备主要由控制盘、车站级图形命令控制中心 GCC 及各种外围设备组成，实现火灾监视和消防联动功能。

外围设备包括火灾监测设备、状态监视设备、控制设备、消防通话和消防广播设备、接口设备等。

3. 消防报警系统供电方式

控制主机的电源均为两路 220 V、50 Hz 交流电源，由来自车站一端的降压变电所 400 V Ⅰ、Ⅱ母线上的抽屉开关专门供给，为消防一类负荷。每一个保护区域均有一个双切电源箱，保证在一路断电的情况下另一路可继续供电。控制主机配有备用 24 V、33 AH 蓄电池。

2.2.3 Simplex 火灾报警网络

Simplex 系统采用最先进的 4120 网络系统，该系统将完成对所保护区域的实时火灾监测、报警和消防联动控制。Simplex 4120 网络系统技术先进，系统非常可靠，末端设备定时向系统发出模拟信号，以监测系统外围设备工作情况，通过网络系统向监控中心显示工作情况。

1. Simplex 4100U 系统的特点

Simplex 4100U 系统每条可接回路 250 个点，探测器和模块可以混编，只受回路总量限制，不受类型限制。Simplex 4100U 系统可以扩展至 10 条回路，总容量 2 000 个点。可装 CPU 主卡，当其中一片出现故障时，另一片立即投入使用，确保主机的安全、稳定运行。每片 CPU 主卡带有两片 CFIG 程序储存芯片，一片芯片受损不影响主机的正常工作，先进的中央微处理器（CPU）有强大的事件存储功能。可存储 1 200 条历史记录，这些事件以报警及故障两大类存储在电池后备内存中，不会因系统电源故障丢失数据。

如图 2—39 所示，4120 报警主机面板由显示窗、功能键、指示灯和按钮（指示灯）四部分组成。

图 2—39　4120 报警主机面板

（1）显示窗

1）正常情况。如图 2—40 所示，系统正常、时间、星期、power on 绿色电源指示灯亮。

SYSTEM　IS　NORMAL
12：00：00PM　MON 01-JAN-05

图 2—40　正常情况

2）异常情况。一旦出现不正常状态，那么至少会有一个发光二极管开始闪亮（报警、监视服务或故障），并且蜂鸣器将发出报警声。显示窗内会显示出系统中所出现的不正常状态的总数。如图2—41所示，系统探测到一个火警（ALARM＝1）。

ALARM		PRESS <ACK> to review	
ALARM=1	PRIZ ALARM=0	SUPERVISORY=0	TROUBLE=0

图2—41　异常情况

FIRE ALARM红色火警指示灯闪亮，蜂鸣器发出间断的报警声。按下相应的确认键〈ALARM ACK〉就会显示出第一条被确认的信息。指示灯变常亮，报警声消音。一般来说，火警信号来自探测器、手动报警器、水流指示器等设备。

SUPERVISORY监视异常：黄色LED灯亮。一般来说，监控信号通过反馈模块获得，如防火阀、防火卷帘门等设备。

TROUBLE故障：黄色LED灯亮。一般来说，故障信号有来自系统主机的，也有来自外围设备的（包括回路本身）。

（2）功能键

ALARM ACK火警确认键

SUPERVISORY ACK监控确认键

ALARM SILENCE报警消音键

LAMP TEST灯测试

ON/OFF手动强制开/关

MENU菜单

PRIORITY2 ACK 2级报警确认键

TROUBLE ACK故障确认键

SYSTEM RESET系统复位键

DISABLE/ENABLE隔置/恢复

PREVIOUS/NEXT前一个/后一个 < / > 左/右

EVENT TIME显示确认报警、故障、监控情况发生的时间

（3）指示灯

FIRE ALARM红灯

TROUBLE黄灯

PRIORITY ALARM 红灯

ALARM SILENCE 黄灯

SUPERVISORY 黄灯

AC POWER 绿灯

（4）4120 的操作

手/自动转换：在 4120 主机下部的灯卡组上有一个手/自动转换 DIP 开关，红灯亮代表主机在“自动”状态；灯不亮代表主机在“手动”状态。

1）进入等级三操作

①按 MENU 键，再按 ENTER 键。

②按“1”（Login）键，登入。

③输入口令“333”，按 ENTER 键。

④口令正确，并显示当前的等级。

注：1 = Login（进入），2 = Logout（退出）。

2）隔置

①进入等级三。

②按相关 < ACK > 键，显示要隔置点。

③按“DISABLE”键，再按“ENTER”键。

④蜂鸣器响，系统故障指示灯亮。

3）恢复

①进入等级三。

②按 TROUBLE < ACK > 键，显示要恢复点。

③按“ENABLE”键，再按“ENTER”键。

④LCD 上显示 60 s 倒计时，60 s 后该点恢复工作。

采用“隔置”功能后，该点退出系统监控，属于不安全操作，所以，在使用该功能时（特别是消防报警装置）必须征得环调同意后方可进行，并且要对相应的保护区域加强巡视。

2. Simplex 火灾报警系统外围设备

（1）火灾探测器。火灾探测器是用来响应其附近区域由火灾产生的物理和化学现象的探测器件。火灾探测器是组成火灾自动报警系统的重要组件，是火灾自动报警系统的“感觉器官”，它的作用是监视被保护区域有无火灾发生。一旦发现火情，就将火灾的特征物理量，如温度、烟雾、气体和辐射光等转换成电信号，并立即动作，向火

灾报警控制器发送报警信号。对于易燃、易爆场合，火灾探测器主要探测其周围空间的气体浓度，在浓度达到爆炸下限以前报警。

火灾探测器是根据其传感器的结构和原理设计而成的一种设备，对具有火灾信息特征的物理量，如烟雾、气体、光、热等火灾参数进行设定与探测，其分类见表2—3。

表2—3　　火灾探测器的分类

<table>
<tr><td rowspan="26">火灾探测器</td><td rowspan="6">感烟火灾探测器</td><td rowspan="4">点型</td><td rowspan="2">离子型</td><td>单源型</td></tr>
<tr><td>双源型</td></tr>
<tr><td rowspan="2">光电型</td><td>减光型</td></tr>
<tr><td>放射型</td></tr>
<tr><td rowspan="2">线型</td><td colspan="2">激光型</td></tr>
<tr><td colspan="2">红外放射型</td></tr>
<tr><td rowspan="18">感温火灾探测器</td><td rowspan="10">点型</td><td rowspan="4">差温、定温</td><td>双金属型</td></tr>
<tr><td>金属膜盒型</td></tr>
<tr><td>半导体型</td></tr>
<tr><td>热敏电阻型</td></tr>
<tr><td rowspan="6">定温</td><td>易熔合金型</td></tr>
<tr><td>玻璃球膨胀型</td></tr>
<tr><td>双金属型</td></tr>
<tr><td>水银接点型</td></tr>
<tr><td>热电偶型</td></tr>
<tr><td>金属膜片型</td></tr>
<tr><td rowspan="8">线型</td><td rowspan="2">定温</td><td>可熔绝缘物型</td></tr>
<tr><td>半导体型</td></tr>
<tr><td rowspan="2">差温</td><td>空气管线型</td></tr>
<tr><td>热电偶型</td></tr>
<tr><td rowspan="4">差定温</td><td>金属膜盒型</td></tr>
<tr><td>双金属型</td></tr>
<tr><td>半导体型</td></tr>
<tr><td>热敏电阻型</td></tr>
<tr><td rowspan="2">感光火灾探测器</td><td colspan="3">紫外线型</td></tr>
<tr><td colspan="3">红外线型</td></tr>
</table>

续表

<table>
<tr><td rowspan="8">火灾
探测器</td><td rowspan="4">复合火灾探测器</td><td colspan="2">感温感烟型</td></tr>
<tr><td colspan="2">感温感光型</td></tr>
<tr><td colspan="2">感烟感光型</td></tr>
<tr><td colspan="2">红外光束感温型</td></tr>
<tr><td rowspan="4">可燃气体探测器</td><td rowspan="3">催化燃烧型</td><td>铂丝催化型</td></tr>
<tr><td>气敏半导体型</td></tr>
<tr><td>载体催化型</td></tr>
<tr><td colspan="2">光电型固体电解质型</td></tr>
</table>

轨道交通消防报警系统所使用的探测器可分为感烟探测器（普通型、智能型）、感温探测器（普通型、智能型）、复合型探测器（智能型）。

（2）火灾探测器的技术要求

1）火灾探测器必须对火灾信息有效探测与判断可靠，灵敏度正确。在日常运行中，每千只火灾探测器年误报率不超过 5 ~6 次较理想。

2）火灾探测器应具备兼容性。随着消防产品的不断发展，火灾探测器更新速度也在不断发展，为保证消防报警系统使用连续性，火灾探测器应具有系列性和兼容性。

3）火灾探测器应有较高的性价比。随着电子技术和微处理器应用技术的发展，探测器从较大体积发展到美观超薄，从无智能的阈值比较发展到复合式、双信号式综合火灾探测器。在目前超大规模集成电路和探测器生产新技术中，必须考虑价格合理和实用性，提高产品的性价比。

4）火灾探测器环境适应能力，应具有防尘、防潮、防结露和环境自动补偿能力，模拟量火灾探测器和智能型火灾探测器都能够采用软硬件结合方式实现探测器的环境适应性。

（3）手动报警器

手动报警器分普通型和智能型两种，在火灾自动报警系统设计规范中规定，报警区内的每个防火分区至少应设置一只手动报警器。手动报警器按钮是手动触发装置，具有在应急状态下人工手动通报火警或确认火警的功能。

（4）消防电话

利用插入式消防电话或带箱话机内的消防电话，可与 4120 主机上的消防电话进行通话。常用消防电话如图 2—42 所示。

使用方式：4120 主机上相应的红色指示灯闪亮，取下电话听筒并上拨 DIP 开关，开始通话；结束通话时挂上听筒并下拨 DIP 开关，红灯熄灭。

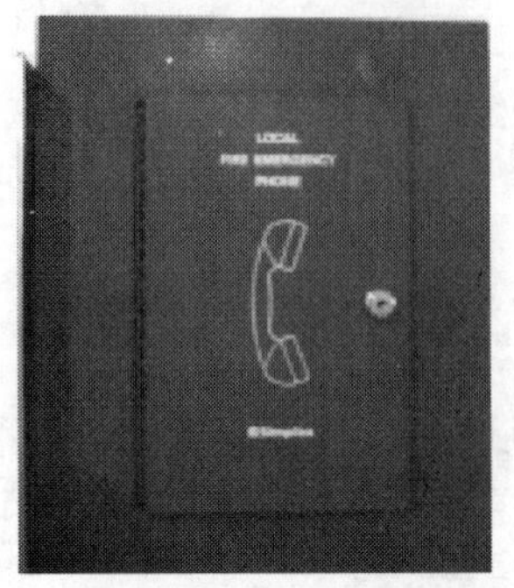

带箱消防电话带插孔的手动报警器　　4100主机消防电话

图 2—42　常用消防电话

2.2.4　EST3 系统概述

EST3 系统是一套中文操作和显示的消防报警系统，便于操作人员识别火警故障等信息，做出正确的判断和操作。

1. EST3 消防报警系统结构与网络

地铁火灾自动报警系统就其结构形式、信息的传递方式可以概括为“二级网络、三级控制”。

二级网络：中央级主干网络和车站级局域网络。

三级控制：中央级控制、车站级控制、就地级控制。

（1）中央级主干网络的功能：接收车站级局域网络各节点报送的火灾信息和防救灾设备的运行状态，并记录存档，按信息类别进行历史资料档案管理。下达全线 FAS 运行模式，实现火灾事故情况下的控制、疏散命令。完成上传火警信息到城市远程消防控制中心的功能。

（2）中央级主干网的结构，不单独组网，就是采用主控系统（MCS）作为上位机，利用主干传输网络，FAS 系统只是主控系统的一个子系统，采用以太网 TCP/IP 协议的方式，将火警信息上传，并接收主控系统的控制操作指令。此时 FAS 系统的中央级功能由 MCS 系统的服务器完成，由于主干传输网络要同时完成时钟系统、环境与设备监控系统、自动售检票系统等任务，因此设计时对 FAS 系统关键设备要进行冗余设计，即在 FAS 系统的 FACP 盘上通过两个独立的以太网接口，分别接到 MCS 的工作口和备用口上。

2. EST3 的定义

单机版或联网式自动报警系统，可以提供准确快速的烟雾和火灾报警，任一报警信息将保证三秒内报告给主机，方便灵活的联动编程方式，支持不同地区的消防标准。

3. EST3的主要组成与功能技能要求

(1) EST3的隔离操作

1) 按〈火警〉按钮。

2) 按〈详细信息〉按钮。

3) 查看设备地址，如图2—43所示（下图地址：01020045）。

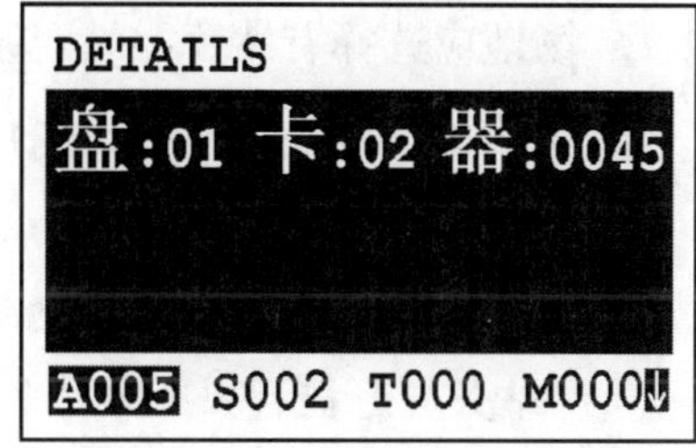

图2—43 EST3设备地址

4) 按〈命令菜单〉按钮。

5) 选择隔离按回车按钮。

6) 选择器件按回车按钮。

7) 输入设备代码如：01020045。

8) 按回车。

9) 若需输入四级口令：按“4444”，按回车按钮（口令时限为两分钟，无须重复输入）。

(2) EST3的释放操作

1) 按屏蔽按钮。

2) 按〈详细信息〉按钮（查看要释放设备地址）。

3) 按〈命令菜单〉按钮。

4) 选择〈使能〉按回车。

5) 选择器件按回车。

6) 输入释放设备地址按两次回车。

7) 若需输入四级口令：按“4444”，按回车按钮（口令时限为两分钟，无须重复输入）。

(3) EST3的联动报警

1) 一点报警：门禁释放、AFC三连杆释放、报警信号传输给BAS系统、风机、阀门联动、防火阀启动。

2) 两点报警（在一点报警的基础上）：消防广播启动、三类负荷切断、自动扶梯停运、直升梯迫降至首层、站厅层任意两点报警、防火卷帘门关闭或烟感报警下降至1.8 m、温感报警下降到底。

技能要求

车站 FAS 设备操作

设定情景：车站某一位置发生火情。

操作准备：

1. 场地应选择有站厅、站台及消火栓设备的车站、实训车站
2. 站务员小蜜蜂、对讲机、信号旗等工具

操作步骤：

1. 使用就近消火栓进行应急处置

（1）站务员赶往起火点就近处消火栓位置，打开消防箱，连接水带水枪。

（2）站务员打开消火栓阀门。

（3）站务员启动增压水泵开关。

（4）站务员持水枪对准着火点位置进行灭火操作。

2. 消火栓使用后进行复位

（1）灭火完毕后首先必须停泵。

（2）关闭消火栓阀门。

（3）将水枪与水带分离擦拭干净。

（4）卷起水带放入消防箱。

3. 说明汇报要求

（1）站务员立即使用对讲机设备联系车站值班员，告知火灾发生情况。

（2）站务员立即使用对讲机设备联系当班站长，告知火情发生的具体位置、火势、可能造成的影响以及即将采取的措施（消火栓灭火）。

4. 站务员使用消火栓系统进行灭火时的注意事项

（1）在连接水带水枪前必须注意将卷起的水带拉直放平。

（2）水带与水枪连接时必须注意连接处顺时针拧紧。

（3）在使用水枪进行灭火作业时必须注意双手持枪。

（4）启动增压水泵后站务员必须握紧水枪，避免水压上升时水枪晃动造成人员伤亡。

注意事项：

操作应安全规范，无违规、违章操作。

2.3 车站BAS系统的操作和故障处理

知识要求

2.3.1 BAS系统概述

轨道交通使用楼宇自动化系统用于车站机电设备管理。楼宇自动化系统的英文名称为BAS，即Buildings Automation System，涉及建筑物或建筑群内的电力、照明、空调、给排水、消防、运输、保安、车库管理设备或系统，是以集中监视、控制和管理为目的而构成的综合系统。楼宇自动化系统通过对建筑（群）的各种设备实施综合自动化监控与管理，为业主和用户提供安全、舒适、便捷高效的工作与生活环境，并使整个系统和其中的各种设备处在最佳的工作状态，从而保证系统运行的经济性和管理的现代化、信息化和智能化。

楼宇自动化系统（BAS）对整个建筑的所有公用机电设备，包括建筑的中央空调系统、给排水系统、供配电系统、照明系统、电梯系统，进行集中监测和遥控，来提高建筑物的管理水平，降低设备故障率，减少维护及运营成本。

设计BAS系统的主要目的在于将建筑物内各种机电设备的信息进行分析、归类、处理、判断，采用最优化的控制手段，对各系统设备进行集中监控和管理，使各子系统设备始终在有条不紊、协同一致和高效、有序的状态下运行，在创造出一个高效、舒适、安全的工作环境中，降低各系统造价，尽量节省能耗和日常管理的各项费用，保证系统正常运行，从而提高了智能建筑的高水平的现代化管理和服务，使投资能得到一个良好的回报。楼宇机电设备监控系统，作为智能建筑楼宇自动化系统非常重要的一部分，担负着对整座大厦内机电设备的集中检测和控制，保证所有设备的正常运行，并达到最佳状态。

BAS是基于现代控制理论的集散型计算机控制系统，也称分布式控制系统（Distributed control systems，DCS）。它的特征是“集中管理分散控制”，即用分布在现场被控设备处的微型计算机控制装置（DDC）完成被控设备的实时检测和控制任务，克服了计算机集中控制带来的危险性高度集中的不足和常规仪表控制功能单一的局限性。安装于中央控制室的中央管理计算机具有CRT显示、打印输出、丰富的软件管理和很强的数字通信功能，能完成集中操作、显示、报警、打印与优化控制等任务，避免了常规仪表控制分散后人机联系困难、无法统一管理的缺点，保证设备在最佳状态下运行。

1. BAS组成

（1）车站BAS构成。

车站 BAS 在车站控制室 A 端冗余的主 PLC 与车站 BAS 的三层交换机进行通信，A、B 端的 PLC 通过光纤双环以太网方式相连，构成车站 BAS 局域网络。车站 BAS 采用在 A 端或 B 端设置冗余 PLC 的方案。

（2）现场级控制网络构成。

BAS 现场级主要由 PLC、RI/O、电源模块、通信模块等设备组成。传感器等现场设备通过 RI/O 或通信模块接入 BAS。现场级控制网络采用冗余现场总线或光纤的单环以太网。

工业以太网络作为 BAS 系统中不可或缺的重要部分，在整个 BAS 系统中起着重要作用。BAS 系统在以太网设备选择上，由于受到安装环境的限制，受到网络稳定性、快速切换的设备要求，在 BAS 系统网络设计和实施过程中均采用工业以太网作为 BAS 系统的网络设备。

2. BAS 系统的功能

地下车站机电设备自动控制系统通常由中央、车站、现场三级实现对环控、给排水、冷水机组、热泵机组的监视和控制。目前运营的地下轨道交通线路中只有轨道交通二、三、四号线实现中央、车站、现场三级实现对环控、给排水、冷水系统的监视和控制。而轨道交通一号线只有车站、现场二级实现对环控、给排水、冷水系统的监视和控制。

（1）中央级。

系统中央级设于控制中心的中央控制室，主要由计算机主机、显示器、打印机、网络 TAP、隧道火灾通风控制盘、中央控制器等组成。中央级具备远程控制功能，通过操作工作站，值班人员可根据实时运行状态向有关车站发出控制指令，实现远程控制。相关技术人员还可以通过工作站，对故障设备进行诊断和故障处理，如有软件丢失，可自动下载程序，保证系统的可靠运行。中央监控系统设在控制中心，系统建立在开放、高可靠性的冗余局域网上。中央局域网采用开放协议，具有客户/服务器结构，通信速率为 10/100 Mbps。中央监控系统由中央局域网络构成。网络内包括中央监控系统服务器、监控工作站、后台管理及系统维护工作站、实时事件打印机、制表打印机、大屏幕投影仪及其接口设备。控制中心的 FAS 系统、信号系统亦可连入该计算机局域网，实现资源共享、信息互通。中央监控 EMCS 的系统服务器配置两套网络接口。一套向下连入全线车站设备监控系统（EMCS）专用以太通信网；一套向上连入中央监控 EMCS 计算机局域网。

数据采集与处理功能：通过通信系统提供的主干网络与车站级传递信息，对车站级上传的数据进行记录、计算、统计、分析等。对全线车站及区间内的设备进行实时运行状态巡检并对车站设备的实时状态信息汇总处理，并在此基础上建立设备管理历史数据库，保存一定时段的监控信息，根据需要生成各种统计报表，打印带时间标签的事件记录，记录各车站主要设备的运行状态，统计设备累计运行时间，实现设备运行时间的均衡，根据运营人员的要求，实现维修及检修的预告警。为将来的节能控制储备历史资料。

远程控制功能：通过操作工作站，值班人员可根据实时运行状态向有关车站发出控制指令，实现远程控制。相关技术人员还可以通过工作站，对故障设备进行诊断和故障处理；如有软件丢失，可自动下载程序，保证系统的可靠运行。具有彩色动态显示和多级显示功能，包括车站综合显示、车站系统的显示、分类画面的显示、环控模式的显示。

中央级主要负责监视地下轨道交通线路车站环控设备的状态和地下车站的环境状况并向各地下车站下达控制命令；监视地下各车站通风空调、冷水机组系统、隧道通风系统等设备的运行状态；监视地下各车站及区间隧道给排水设备的运行状态；显示各地下车站各测试点的温、湿度；显示并记录各地下车站通风空调、冷水机组系统、隧道通风系统操作状态；根据列车在区间发生火灾的位置，通过隧道火灾通风模拟控制盘下达区间火灾模式命令；根据列车在区间发生阻塞的位置下达区间阻塞模式命令；在OCC的监控站上，对于所有的报警信息具有各种类型的报警功能和方式，对于不同级别的报警有不同的显示状态，同时要求有确认的功能；并有数据、时间、确认和处理的记录。对各类报警具有声光报警和弹出报警画面的功能，提醒操作员；对操作信息、报警信息进行实时记录、历史记录；进行故障查询和分析，同时可以自行编辑报表，也可自动生成日、周、月的报表；进行档案资料的记录和存储；具有信息打印功能，能打印各类数据统计报表、操作和报警信息；将车站被控设备运行状态、报警信号及测试点数据及时送至OCC。

（2）车站级。系统车站级设于车站控制室内其主要由计算机主机、显示器、打印机、网络TAP、控制器接口、消防报警接口（HLI）等组成车站工作站。控制器接口通过车站监控系统通信网络与车站监控工作站及控制中心通信，接收控制中心指令并控制现场控制器，同时，将设备运行状态和参数送到车站监控工作站及控制中心。

车站控制系统通过网络接口设备向上与中央监控EMCS系统连接。网络接口设备在本车站负责连接车站的监控工作站、控制器及打印机等设备，同时，还要保证车站网络与中央监控系统在不依赖监控工作站的情况下，实现网络通信，在监控工作站出现故障的情况下，应自动将车站设备的工作状态直接向控制中心传递，保证控制中心能对本车站设备进行有效监视，将车站设备转入防灾模式运行。车站级主要监视和控制地下轨道交通线路、车站通风空调设备的运行；监视车站给排水设备运行状态；控制和监视所辖区间隧道给排水设备运行状态；按照节能优化要求，确定本车站环控设备最佳运行模式并执行；按照通风与空调系统环控工艺要求，对车站通风空调设备和区间隧道通风设备进行正常及灾害模式控制运行；实时显示车站机电设备故障；显示车站监视和记录车站根据环控系统的工艺要求测试的典型区域测试点的温度、湿度等环境参数。

显示记录机电设备的操作状况，产生报警信息和累积运行时间；具有信息打印功能，能打印各类数据统计报表、操作和报警信息；对操作信息、报警信息进行实时记录、历史记录；进行故障查询和分析，同时可以自行编辑报表，也可自动生成日、周、月的报表；进行档案资料的记录和存储。具有彩色动态显示和多级显示功能，包括车站综合显示、车站系统的显示、分类画面的显示、环控模式等显示；通过接口设备（PLC 或 HLI）接收车站消防报警系统发送的火灾信息，并根据火警信息内容自动执行相应火灾通风模式，控制环控设备按照火灾工况运行；将车站被控设备运行状态、报警信号及测试点数据及时送至 OCC，并接受中央级的各种监控指令和运行模式。

（3）现场级。

现场级现场控制器一般集中于环控电控室，部分分散设置于现场被监控设备的附近。上海轨道交通线路地下车站机电设备自动控制系统的现场控制设备采用 PLC 系统。现场控制器具备软件联锁保护设置；控制被控对象设备顺序动作；采集及存储系统各种运行参数，通过一定的计算，来实现环境和设备优化控制；中央级、车站级下达的控制指令和控制模式、设定值的更改和其他关联参数的修正，由现场控制器处理后执行。接收安装于各测试点内的传感器、检测器的信息，按内部预先设置的参数和执行程序自动实施对相应机电设备的监控，或随时接收监控工作站及中央系统发来的指令信息，调整参数或有关执行程序，改变对相应机电设备的监控要求。

3．BAS 系统监控设备内容和基本控制方式

目前，BAS 系统现场控制器控制设备的物理形式为继电器接点的断开与闭合，输出点以数字量输出（DO），作用是控制风机、空调机、水泵等设备的启动和停止，控制电动风阀、卷帘门的开启和闭合。另一种模拟量输出（AO）作用是对冷水二通阀、电动风阀进行调节控制，对照明设备程式控制。现场控制器接收反馈信号以数字量输入（DI）、数字量报警输入（DA）、模拟量输入（AI）三种形式接收。数字量输入（DI）主要是监视风机、空调机、水泵、风阀和卷帘门的运行状态；数字量报警输入（DA）主要是监视重要设备的故障状态，水池的超高水位报警；模拟量输入（AI）主要是接收温、湿度传感器的温度及湿度参数的输入，对所监视设备电压、电流进行监控。这三种输入的物理形式均为电压电流的大小。

4．与其他专业信息交换口

地下车站机电设备自动控制系统在功能上同消防报警、冷水机组等系统进行数据交换实现设备联动。其中机电设备自动控制系统在车站级设置高级接口，接收消防报警系统按防火分区传输并经消防报警主机确认的火灾信息，并根据火灾报警内容联动火灾模式。机电设备自动控制系统高级接口与消防报警主机接口采用可编程通信口和控制模块继电器输出方式连接，信息报警有火灾分区报警、恢复、火警位置、报警时间、通道检测信息、消防报警接口故障信息、校验信息、信息恢复等。

2.3.2 给排水系统

地铁给排水系统是维持地铁地下车站管理人员及乘客正常生理需要以及维持部分设备正常运行的不可缺少的组成部分，可以将它分为上水、中水、排水三部分，上水即由自来水公司直接供水并有专门计量器具对用水量进行计量而提供地铁的水，包括生活生产用水及消防用水；中水即指被重复循环利用的水，主要是车站空调冷水机组及热泵机组冷冻、冷却循环水；排水即车站不需要、无利用价值的废水、污水等，通过动力或重力的方式将其排出地铁车站进入市政管网。

1. 给水系统

生活水系统通过生活饮用水管道，并通过主管上的支管分送到每一用水点，如自来水龙头或水箱等。

2. 排水系统

车站排水系统由车站废水泵系统、车站污水泵系统、车站集水泵系统组成。

废水泵系统：位置在站台端头的废水泵房内。主要作用是排放车站内的生活、生产用废水、雨水以及区间泵房送来的废水。废水经过废水泵提升后排入城市排水管道。

污水泵系统：主要作用是排放车站内的生活污水。车站污水经水泵提升后一般排入设在地面的化粪池内。

3. 水消防系统

地铁中为保持不间断供水，一般由市政管网有两路消防水进入地铁。地铁消防水系统主要分为消火栓系统和水喷淋系统。

（1）消火栓系统，如图2—44所示。

（2）消火栓系统组成。

消火栓系统有两台消防泵、消火栓箱、四个区间联络阀门、两路总进水阀门、进出水阀门、止回阀、压力表、消防接合器等，新车站还有两台增压泵。

（3）车站接合器及阀门的位置（含区间联络阀门）作用。

消防接合器是人工接入消防水的端口，如图2—45所示。在消防结合器后安装有进

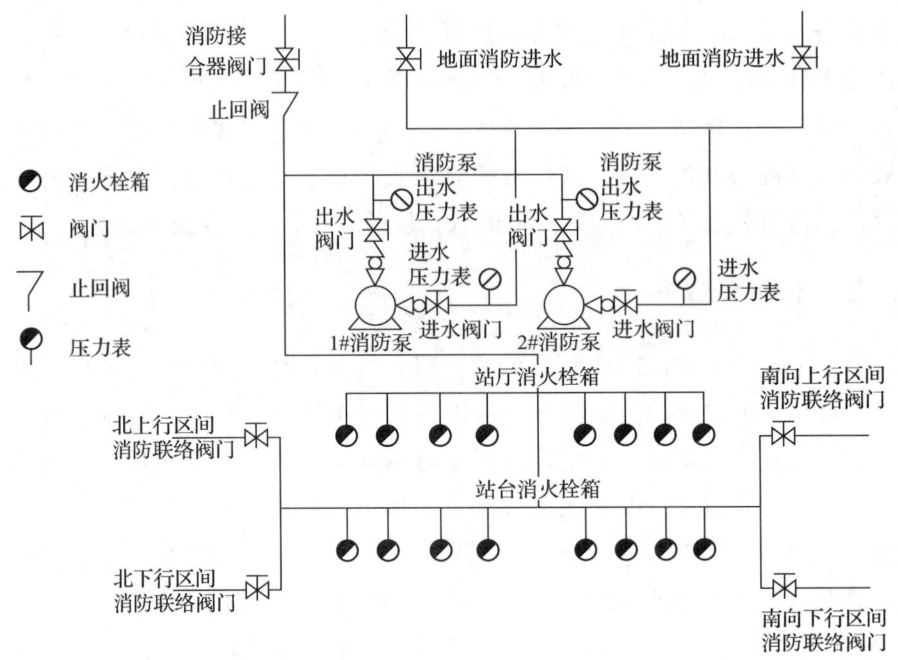

图 2—44　消火栓系统

图 2—45　消防接合器

水阀门与止回阀，正常状态下进水阀门处于关闭状态，当车站和区间无消防水的情况下可通过消防接合器将消防车上的消防水接入车站（连接消防车时要打开接合器后的进水阀门）。

消防进水阀门和区间联络阀门的具体位置：值班员要清楚自己车站六路消防进水阀门的具体位置，万一发生管道漏水，能及时地处理，使故障影响缩小在最小范围内。

（4）喷淋系统，如图 2—46 所示。

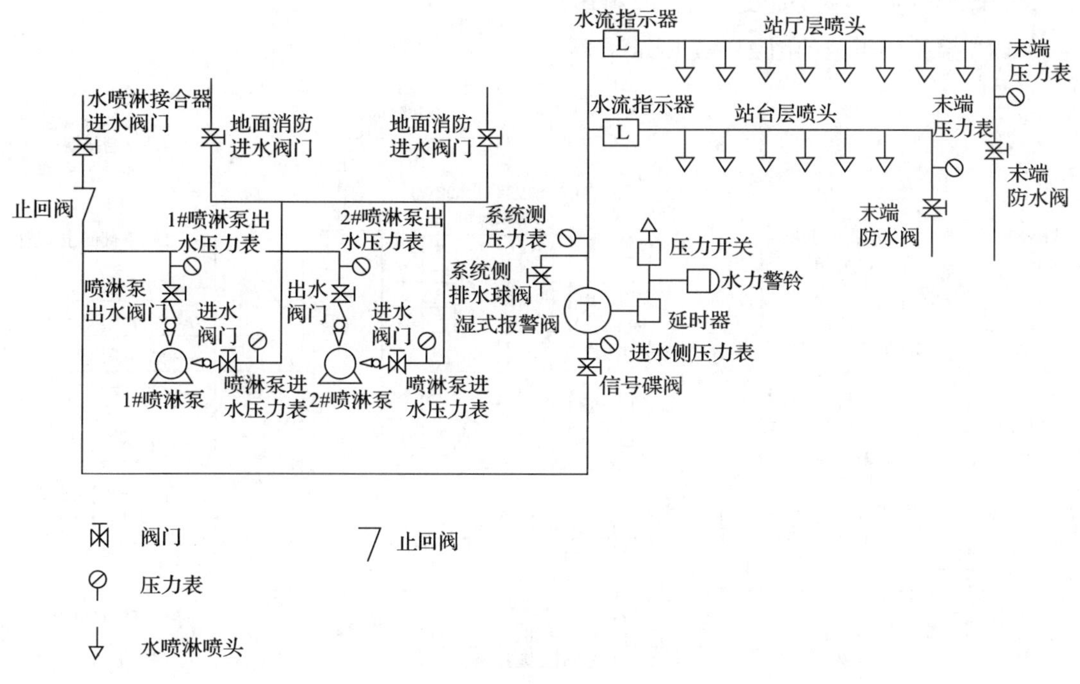

图 2—46　水喷淋系统

喷淋系统有两台喷淋泵，两路消防进水阀，进出水阀门，压力开关，湿式报警阀，水力警铃，信号蝶阀，压力表，喷头，末端放水阀等，新站还有两台增压泵。

（5）高压细水雾系统。

高压细水雾灭火系统是利用压力水流过专用细水雾喷头形成的细小雾滴进行灭火或防护冷却的一种固定灭火系统。

高压细水雾系统由高压泵、稳压泵、调节水箱、浮球开关、过滤器、进水电磁阀、主出水阀、压力表、压力变送器、泵组控制柜、连接管路及机架等组成。

4. 区间排水系统

区间排水系统安装在区间隧道最低位置，用于排除区间积水。区间泵房一般安装两台区间泵，采用双电源供电。区间水泵必须放自动运行，根据水位探测器测量数据来控制水泵启动和停止。车站 BAS 电脑可对区间水泵进行监控。

2.3.3　环控系统

车站通风系统的作用：一是通过风机强迫气流产生压力，使室外新风进入车站，将车站内污浊空气、热量排出车站，保持车站空气清新，温度适宜；二是当车站发生火灾、爆炸等灾害事故时及时将烟雾排出车站。

环控系统的组成如图 2—47 所示。

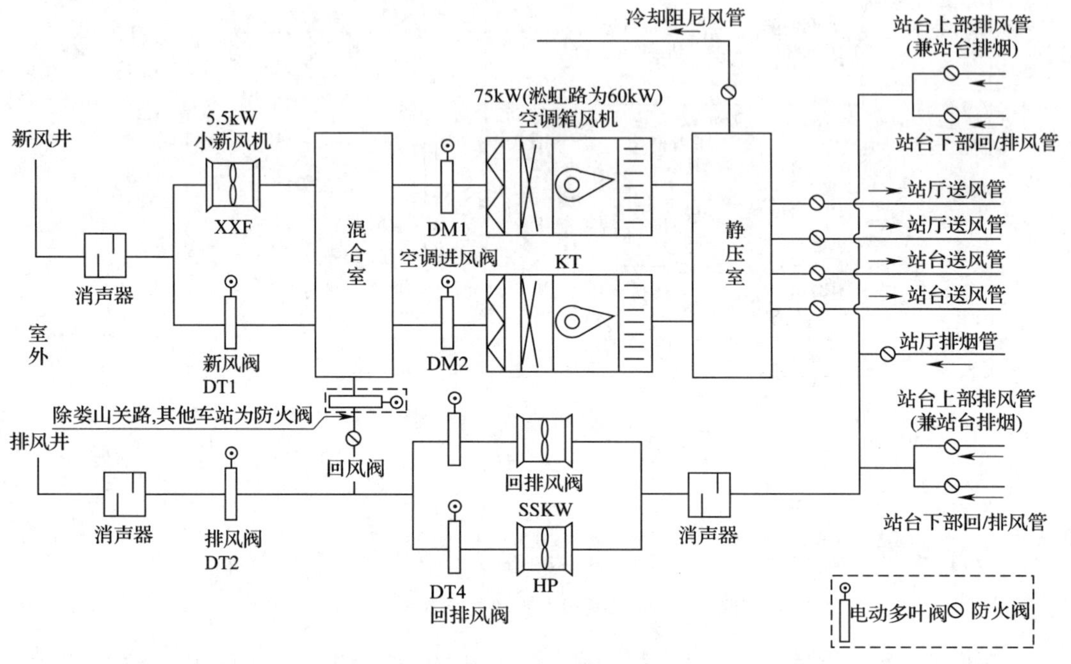

图 2—47　车站环控系统

1．车站通风系统由送风系统和排风系统构成。

2．车站通风系统主要由三部分组成：车站公共区域即车站站台和站厅送、排风，车站的设备和管理用房送、排风，隧道区间送、排风。

3．车站公共区域送、排风系统

车站通风系统的正常运行全年分为两种工作状况：通风工况和空调工况。每年的 10 月中旬至次年的 6 月中旬为通风工况运行，不开冷水机组。6 月中旬至 10 月中旬为空调工况运行，开冷水机组。当室外温度低于 12℃时，车站可将通风工况调整成空调工况。

4．区间隧道通风

在车站两端为每一区间隧道设有活塞/机械通风系统，包括活塞风井、活塞风阀、机械/活塞风阀、机械风阀、隔离风阀、事故风机（在存车线、折返线等配线或正线气流较难组织的地方，添加辅助通风设备如射流风机、喷嘴）等。

正常情况下不开事故风机，由列车运行时产生活塞风。当隧道区间温度超过

35℃时，运行结束后开事故风机降温。隧道区间发生阻塞、火灾时开事故风机向隧道区间送、排风。事故风机是可逆风机，送风、排风由风机的正转、反转来实现。

2.3.4 车站设备故障处置

1. 自动扶梯操作规定

（1）在开启自动扶梯前，必须检查自动扶梯上、下部梯级梳齿处是否有异物。

（2）自动扶梯开、停必须由经过培训的操作员进行操作，开、停时，自动扶梯应无人乘载。

（3）自动扶梯运行初期，要进行数圈检查，判断有无异常声音。

（4）当需要改变自动扶梯运行方向时，只有当自动扶梯完全停止后，才能操纵转换运行方向。

（5）自动扶梯关闭时，必须采用自动扶梯钥匙进行关机停车（软停车），严禁使用红色紧急停止按钮关机停车，只有发生涉及安全的紧急事件时，才可以使用红色紧急停止按钮。

（6）如遇强暴风雨，车站值班员视实际情况，必要时将自动扶梯停止运行，以免造成设备损坏或人员伤亡事故。

2. 自动扶梯应急处置

（1）自动扶梯的故障现象及判断故障原因

故障现象：梳齿板有异物侵入。

原因判断：齿板的强度不够，受到挤压后与梯级之间的间隙变大，造成异物侵入；梯级下沉，使其与梳齿板的间隙增大，造成异物侵入；梳齿断其与梯级踏面的间隙增大，造成异物侵入；梯级传动轮磨损，当梳齿板之间夹入异物时将梯级推向另一边，使其间隙更大，造成异物侵入。

（2）处置流程

按下自动扶梯停止按钮，如图2—48所示。

目测梯级与梳齿板之间异物位置，如图2—49所示。

劝阻乘客乘坐故障电梯，等待故障电梯上的乘客出清。

对故障电梯使用红白带进行安全防护，如图2—50所示。

图 2—48　自动扶梯停止按钮

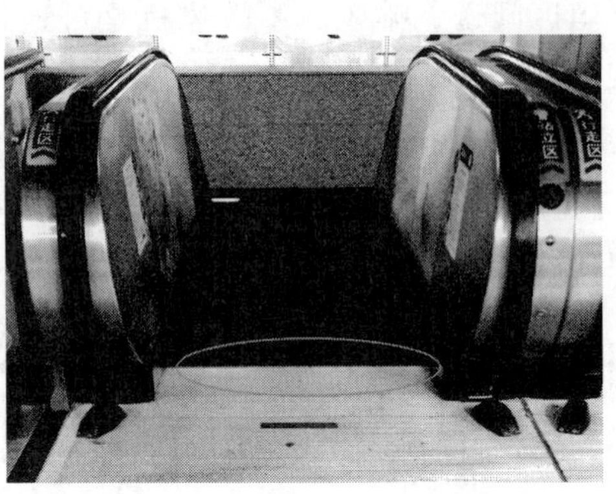

图 2—49　异物位置

等待维修人员，等自动扶梯维修完成后，确认自动扶梯上没有乘客并具备开启条件后开启自动扶梯，根据车站自动扶梯的运行方向开启，如图 2—51 所示。

图 2—50　进行安全防护

图 2—51　确定启动方向

技能要求

车站自动扶梯操作

设定情景：有异物侵入车站一台自动扶梯梳齿板，引起故障。

操作准备：

1. 场地应选择有自动扶梯的车站、实训车站
2. 自动扶梯钥匙

3．站务员小蜜蜂、对讲机、信号旗等工具

操作步骤：

1．对故障进行原因分析

（1）齿板的强度不够，受到挤压后与梯级之间的间隙变大，造成异物侵入。

（2）梯级下沉，使其与梳齿板的间隙增大，造成异物侵入。

（3）梳齿断其与梯级踏面的间隙增大，造成异物侵入。

（4）梯级传动轮磨损，当梳齿板之间夹入异物时将梯级推向另一边，使其间隙更大，造成异物侵入。

2．对自动扶梯进行现场防护

（1）目测梯级与梳齿板之间异物位置。

（2）劝阻乘客乘坐故障电梯。

（3）等待故障电梯上的乘客出清。

（4）对故障电梯使用红白带进行安全防护。

3．根据原因，排除故障

（1）对故障电梯进行停机操作。

（2）对故障电梯进行逆行操作，并使异物自行脱落。

（3）对故障电梯再次进行停机操作。

（4）对故障电梯进行正行操作。

注意事项：

操作应安全规范，无违规、违章操作。

2.4 车站屏蔽门系统的操作和故障处理

知识要求

2.4.1 屏蔽门的定义

从目前各国设置的屏蔽门系统来看，主要有两种类型。第一类屏蔽门是一道自上而下的玻璃隔墙和活动门，沿着车站站台边缘和两端头设置，把站台乘客候车区与列车进站停靠区域分隔开，属于全封闭型。这种形式的屏蔽门一般是地下车站所采用的。这种屏蔽门系统的主要功能是增加车站站台的安全性、节约能耗以及加强环境保护。

第二类屏蔽门系统是一道上不封顶的玻璃隔墙和活动门，属于半封闭型（见图 2—52），其安装位置与第一种方式基本相同，造价比第一种低，一般用于地面和高架车站。日本东京地铁南北线和东京多摩线就安装有这种类型的屏蔽门。这种类型的屏蔽门系统比第一种类型屏蔽门简单，高度比第一种屏蔽门低矮，空气可以通过屏蔽门上部流通。相对第一种屏蔽门来说，第二类屏蔽门主要起了一种隔离作用，提高了站台候车乘客的安全，从此意义上说可以称其为“安全门”。上海轨道交通 5 号线正计划安装类似的屏蔽门。

图 2—52　第二类屏蔽门

屏蔽门系统特点：

地铁作为城市交通的工具，其主要功能是减轻地面交通工具的压力，具有方便、快捷、准时的特点，有一定的客流吸引力。而屏蔽门则在保护乘客安全、节省环控系统运营能耗、改善站台候车环境方面都具有明显效果。

地铁中的屏蔽门系统具有如下优点：

1. 屏蔽门系统安装在站台边缘，将站台公共区与隧道区间完全隔离，消除了车站与轨道区间的热量交换，降低了环控系统的运营能耗。

2. 屏蔽门系统的设置杜绝了乘客因特殊情况掉下站台的情况。

3. 屏蔽门系统降低了车站噪声及活塞风对站台候车乘客的影响，改善乘客候车环境的舒适度。

4. 屏蔽门系统为轨道交通实现无人驾驶创造了必要条件。

5. 屏蔽门系统使地铁的正常运营得到了保证，可以大大减少因车站站台事故而延误运营的情况。

在我国各条没有装设屏蔽门的地铁线路上，都有数量不等的安全事故发生，并随着客流量的增长及运营时间的推移，安全事故的隐患会越来越多。为减少能耗、降低运营费用、保证乘客候车安全、提高地铁服务水平和环境质量，在地铁线路上加装屏蔽门系统显得非常必要。

2.4.2 屏蔽门的结构

1. 系统配置

屏蔽门包括安全门、固定门、端头门、应急门。

屏蔽门操作分五级：系统级控制（SIG）、站台级控制（PSL）、车站紧急控制（IBP）、单道门局部控制（LCB）、PSD 手动解锁操作。

2. 主要结构部件

屏蔽门系统由机械和电气两部分构成，机械部分包括门体结构和门机系统，电气部分包括电源系统和控制系统。

门体结构。由钢架、顶盒、门体组合、下部支撑结构组成。

（1）钢架。钢架主要由连接螺栓、高度调节装置、绝缘衬垫、横梁、立柱、支柱等组成。钢架的材料一般为低碳钢构件，且表面经热浸镀锌防腐蚀处理。钢架的功能：作为整个屏蔽门的支撑骨架，以承受门体的全部质量和外力；在土建结构允许的变形范围内，确保屏蔽门的安全。

（2）顶盒。顶盒主要由联结件、安装框架、前后盖板等组成，内置门驱装置、门控单元、配电端子箱、活动门导轨、闭锁机构等。顶盒的材料一般为低碳钢构件，且表面经热浸镀锌防腐蚀处理。

顶盒的功能：

1）作为固定门支柱的上支点。

2）活动门的吊点，能够承受活动门的重量和负载条件下的外力作用。

3）对其内置的各种设备提供一定的密封保护。

4）在站台侧的顶盒前盖板上有列车运行方向和站名等内容的指示牌，并兼作站台边缘的光带反射板；前盖板（站台侧）可上翻至足够的开度，并设支撑装置，方便门驱系统的安装调试和维护检修。

（3）门体组合。门体由固定门（FIX）、活动门（PSD）、端头门（MSD）、应急门、手动开锁机构、气密材料等组成。

门体的材料一般采用不锈钢和满足安全强度等要求的钢化安全玻璃，门体玻璃周边有 40 mm 以上宽的彩釉边。门体密封材料应具有良好的气密性能，且阻燃、低烟、无毒、耐老化。

门体的功能：

1）固定门（FIX）：隔断站台和轨道，如图 2—53 所示。

图 2—53　固定门

2）端头门（MSD）：主要用于车站工作人员在站台和轨道之间的进出，同时兼顾紧急情况下疏散乘客的要求，端头门有门锁装置，并在列车活塞风作用下不会开启，如图 2—54 所示。

3）活动门（PSD）：为中分双开式门，关闭时隔断站台和轨道、开启时供乘客上下列车，在非正常运行模式和紧急运行模式下，也可作为乘客的疏散通道，如图 2—55 所示。

4）活动门设手动开锁机构，并与置于顶盒内的闭锁机构联动，在活动门关闭后，闭锁机构可防止外力作用将门打开。在活动门开启并处于正常运营模式时，活动门的门锁可自动解锁；但在非正常运营模式和紧急运营模式时，站台工作人员或乘客可手动打开活动门，实现解锁，即每樘活动门在轨道侧均可用把手、在站台侧均可用“通用”钥匙对门进行开/闭操作。

图 2—54　端头门

图 2—55　活动门

5）端头门配有极安全的通用门锁，即在轨道侧均可用把手、在站台侧均可用“通用”钥匙进行开/闭操作。（注：门锁与 PSD、顶盒通用。）

6）应急门：在正常情况下不开启。在紧急情况下，列车停车位置与活动门不对应时，可通过应急门疏散乘客。应急门即将某一固定门改成可开启的应急门。应急门设有锁紧装置，且开启方便，如图 2—56 所示。

图 2—56　应急门

7）密封材料：采用中空橡胶密封和尼龙毛刷相结合的方式，以隔离噪声和阻止站台与轨道之间空气及热量的对流，提高环控效率。

（4）下部支撑结构。下部支撑结构由踏步板、固定支座、调节装置、绝缘衬垫等组成。下部支撑结构材料一般为低碳钢结构件，表面热浸镀锌防腐蚀处理，踏步板一般采用铝合金。

下部支撑结构的功能：

1）作为活动门的底部导向装置（地坎）。

2）作为乘客通过的踏面，能够承受乘客荷载（一般情况下，在乘客活动区域可按 9 人/m^2、75 kg/人计算）。

3）屏蔽门门体与站台砼结构可靠绝缘。

（5）门机系统。门机系统主要由驱动装置、传动装置、锁紧装置、DCU 等组成。

门机系统的功能主要是满足正常运行模式、非正常运行模式和紧急运行模式下开、关、锁定活动门。

（6）电气控制系统组成。电气控制系统主要由 PSC（含接口部件）、PSL、DCU、声光告警装置、就地控制盒、PSA、系统接口等组成。

屏蔽门控制系统是一个对屏蔽门进行实时监控管理的计算机网络系统，故应具有高速性、实时性和可靠性。

屏蔽门控制系统以两侧站台屏蔽门为控制对象，构成一个完整的控制系统，应确保任一侧屏蔽门的故障不应影响另一侧屏蔽门的正常运行；单侧某一樘门的故障不影响其他门的正常运行。

屏蔽门控制系统与信号专业的接口采用硬线连接的方式；与 EMCS 专业的接口采用串行通信连接方式。

2.4.3 屏蔽门的控制原理

1. 系统级控制

系统级控制是在正常运行模式下，对屏蔽门进行的控制操作。在正常情况下，列车进站正确停位或列车停站时间到准备发车时，列车司机按压开/关列车门的确认按钮，信号系统向屏蔽门系统发出开/关屏蔽门指令。

正常情况下，列车正确定位或列车停站时间到，经列车司机确认按开/关列车门按钮，经车-地通信，将信息传送至信号系统，信号系统以继电器触点方式向屏蔽门系统发出开/关屏蔽门命令。

2. 站台级控制

站台级控制是由列车司机通过站台 PSL 对屏蔽门进行的控制操作。当系统级控制不能正常实现时，如 SIG 系统故障，PSC 对 DCU 控制失败等故障状态下，列车司机应在 PSL 上进行开/关屏蔽门操作，实现屏蔽门的站台级控制。

3. 就地级控制

就地级控制分为就地手动控制和就地电气控制（LCB），手动操作是站台工作人员或乘客对屏蔽门进行的操作。

（1）活动门手动操作。当系统电源或个别屏蔽门操作机构发生故障时，站台工作人员在站台侧用钥匙进行开/关屏蔽门的操作；当系统发生的故障导致无法在站台侧打开活动门时，列车司机通过广播，指导乘客操作屏蔽门解锁把手，打开屏蔽门。

（2）端头门的手动操作。当隧道内发生火灾等情况，需要在隧道内停车时，乘客将从车厢疏散到隧道，用开门把手打开 MSD，乘客通过 MSD 进入站台。

（3）应急门的手动操作。在紧急情况下，当列车车门与活动门不对应且列车无法启动的情况下，手动在轨道侧或站台侧将应急门打开，疏散乘客。

当站台上的个别 PSD 出现故障，需要手动开启/关闭或进行隔离操作时，可以通过每个 PSD 门楣梁上安装的 LCB 对该道门进行局部控制。

LCB 操作步骤见表 2—4。

表 2—4　　　　LCB 操作步骤

步　　骤	图例
➔ 正常情况下，LCB 上的 4 位钥匙开关位置应处于“自动”位，该道 PSD 接收系统级控制、站台级控制和车站紧急控制方式的信号，完成相应动作。此时，LCB 上的绿色指示灯处于点亮状态；钥匙可以从“自动”位上取出	
➔ 当单道 PSD 出现电气故障（如 DCU 故障、电动机故障等），需要将该 PSD 进行断电隔离操作 ➔ 将 LCB 上的 4 位钥匙开关旋转到“隔离”位。此时，LCB 上的绿色指示灯熄灭；该道 PSD 断电；钥匙可以从“隔离”位被取出 ➔ 为了不影响整侧站台“门锁闭”信号（安全回路），需手动将该道 PSD 关闭并完成落锁动作	关门 自动　关门 隔离
➔ 需要对单道 PSD 进行手动开/关操作时，需先将 4 位钥匙开关旋转到“关门”位，然后到“开门位” ➔ 此时，该道 PSD 将忽略其他任何命令信号而执行开门动作 ➔ 关门时，将钥匙开关旋转到“关门”位，该道 PSD 将立即执行关门动作 ➔ 在“关门”和“开门”位置，该道 PSD 的“门锁闭”信号（安全回路）是被旁路的；钥匙是不能被取出的	关门 自动　关门 隔离
特别注意： 钥匙开关不能够从“隔离”位直接旋转到“开门”位，反之亦然	

4. 屏蔽门与信号系统联锁关系

在正常运行情况下，PSD 系统通过 SIG 系统的自动控制完成开/关门动作。具体流程见表 2—5。

表 2—5　　SIG 系统开关门动作操作步骤

步　　骤	图例
➔ 列车进站停靠在站台有效范围内，此时所有 PSD 和 EED 应处于锁闭状态；PSL 和 IBP 上的"门闭锁"绿色指示灯处于点亮状态	门闭锁
➔ SIG 系统根据停靠列车的不同编组及运行方向，向 PSD 系统同时发出"开门命令"和"6 节编组—东使能"（或"6 节编组—西使能"或"8 节编组使能"）	
➔ PSD 系统在接收到 SIG 系统发出的命令信号后，在 300 ms 内做出反应，所有 PSD 同时开启，PSL 和 IBP 上的"门闭锁"指示灯熄灭	
➔ 列车停靠站台时间到后，SIG 系统同时撤销"开门命令"和"使能"信号（若两个信号中仅有一个被撤销，PSD 系统也将执行关门动作）	
➔ 在失去由 SIG 系统发送的"开门命令"和"使能"信号后（同时失去或仅失去任意一个），PSD 系统在 300 ms 内做出反应，所有 PSD 同时关闭，当所有 PSD 都锁闭后，PSL 和 IBP 上的"门闭锁"绿色指示灯再次点亮	门闭锁
➔ 此后，列车离站	

2.4.4　屏蔽门的基本操作

1. IBP 的操作

当出现紧急情况（如火灾）时，PSD 系统的开/关门动作可以通过由车站控制室内的操作员操作 IBP 盘的方式实现。当 IBP 盘操作被允许（使能）后，PSD 系统将忽略来自 SIG 或 PSL 的任何信号。

IBP 操作的具体流程见表 2—6。

表 2—6 IBP 操作流程

步　骤	图例
➔ 车站控制室操作员需要先将 IBP 盘上相应侧站台上的“IBP 允许/自动/PSL 允许”3 位钥匙开关旋转到“IBP 允许”位，此时，IBP 盘上相应侧站台上的“IBP 允许”橙色指示灯点亮	自动 PSL 允许 IBP 允许 IBP允许
➔ 然后将 IBP 盘上相应侧站台上的“开门”2 位旋转开关旋转到“开门”位	开门
➔ 在接收到 IBP 发送的“开门命令”信号后，PSD 系统在 300 ms 内做出反应，所有 PSD 同时开启，PSL 和 IBP 上的“门闭锁”绿色指示灯熄灭	
➔ 确认系统从紧急情况恢复正常后，车站控制室操作员可以将 IBP 盘上相应侧站台上的“开门”2 位旋转开关旋转到“关门”位	开门
➔ 在失去由 IBP 发送的“开门命令”信号后，PSD 系统在 300 ms 内做出反应，所有 PSD 同时关闭，当所有 PSD 都锁闭后，PSL 和 IBP 上的“门闭锁”绿色指示灯点亮	门闭锁
➔ 然后将 IBP 盘上相应侧站台上的“IBP 允许/自动/PSL 允许”3 位钥匙开关旋转到“自动”位，此时，IBP 盘上相应侧站台上的“IBP 允许”橙色指示灯熄灭	自动 PSL 允许 IBP 允许

2. PSL 的操作

在 SIG 系统出现故障（或其他任何原因），导致 PSD 系统不能由 SIG 系统自动执行系统级控制。此时，PSD 系统的开/关门动作需要由列车司机在站台端头操作 PSL 来实现。当PSL被使能后，PSD系统将忽略来自SIG系统的任何信号。

PSL操作的具体流程见表2—7。

表2—7 PSL操作流程

步　骤	图例
前提：车站控制室操作员已知相应侧站台PSD系统不能实现系统级控制方式	自动　PSL允许　IBP允许
→ 列车进站停靠在站台有效范围内，此时所有PSD和EED应处于锁闭状态；PSL和IBP上的“门闭锁”指示灯处于点亮状态	门闭锁
→ 车头方向的司机走出司机室操作PSL，先将“PSL使能”2位钥匙开关旋转到“通”位，此时PSL上“PSL使能”绿色指示灯点亮，IBP上对应侧站台上的“PSL紧急操作”橙色指示灯点亮	PSL使能(断–通) PSL使能 PSL紧急控制
→ 然后司机需根据进站列车的编组将“6节编组－东（西）”或“8节编组”开门的2位旋转开关旋转到“开”位	6编组车–东开门　关　开 8编组车开门　关　开

续表

步　骤	图例
➔ PSD 系统在接收到 PSL 发出的开门命令信号后，在 300 ms 内做出反应，对应编组的所有 PSD 同时开启，PSL 上的“PSD 开门”红色指示灯在开门过程中点亮，PSL 和 IBP 上的“门闭锁”绿色指示灯熄灭	PSD开门
➔ 列车离站前，司机需先将 PSL 上的“6 节编组－东（西）”或“8 节编组”开门的 2 位旋转开关旋转到“关”位	6编组车–东开门 关 开 8编组车开门 关 开
➔ 在失去由 PSL 发送的“开门命令”信号后，PSD 系统在 300 ms 内做出反应，对应编组的所有 PSD 同时关闭，PSL 上的“PSD 关门”绿色指示灯在关门过程中点亮，当所有 PSD 都锁闭后，PSL 和 IBP 上的“门闭锁”绿色指示灯再次点亮	PSD关门 门闭锁
➔ 然后将“PSL 使能”2 位钥匙开关旋转到“断”位，此时 PSL 上“PSL 使能”绿色指示灯熄灭	PSL使能 (断–通)
➔ 此后，司机拔下“PSL 使能”操作钥匙后，回到司机室驾驶列车离站	

续表

特别注意：
→ 当每侧站台一端的 PSL（PSL－A 或 PSL－B）先被使能（即“PSL 使能”指示灯点亮）后，另一端的 PSL（PSL－A 或 PSL－B）将不能被使能（即使旋转“PSL 使能”钥匙开关到“通”位，“PSL 使能”指示灯也不会点亮），除非先被使能的 PSL 得到复位 → 每一次操作 PSL 只能给出一种编组的开门命令（6 节编－东、6 节编组－西或 8 节编组）。若同时操作两个开门命令旋转开关到“开”位，或先操作一个再操作一个，所有正在开启或已经开启的 PSD 将立即执行关门动作。待所有门关闭后，若想继续执行正确的开门动作，需先将两个旋转开关中的一个旋转到“关”位，再将正确的一个旋转到“开”位，对应编组的 PSD 将全部开启

3. 单扇屏蔽门故障处置

当列车停稳，有 1～2 扇屏蔽门无法正常开启时。

（1）站务员立即到达该故障门处，手动拉开故障门。

（2）当乘客安全上下车后，司机关闭车门。

（3）站务员通过对讲机将故障情况汇报给车站值班员，车站值班员令站务员将故障屏蔽门处于关闭隔离状态。站务员用对讲机告诉司机及值班员故障门应急处理完毕。

（4）司机通过端头屏蔽门控制盘，操作“关闭”屏蔽门按钮。

（5）司机瞭望无夹人夹物后凭发车信号发车。

（6）车站在故障门上张贴明显告示，以提醒乘客。

（7）值班员立刻报告行调屏蔽门故障情况、原因、处理方法。随后报检修班组，令检修班组及时到达现场维修、排除故障。

列车车门关闭后，有 1～2 扇屏蔽门不能正常关闭时。

（1）车站站务员立刻进行紧急处理，排除夹人或夹物。

（2）手拉关闭屏蔽门，屏蔽门门灯、警报音熄灭。

（3）司机瞭望光带完整，无夹人夹物后凭发车信号发车。

如车站站务员确认无夹人夹物现象且无法排除故障后，司机向行调汇报故障无法排除的信息，行调立即下达隔离和使用互锁解除的命令。司机立即通过端头操作盘，进行“互锁解除”操作，并瞭望无夹人夹物凭发车信号尽快驶离车站。当列车驶出车站后，站务员通过对讲机将故障情况汇报给车站值班员，车站值班员令站务员将故障屏蔽门处于关闭隔离状态。车站在故障门两侧固定门上张贴明显告示，以提醒乘客。

4．多扇屏蔽门故障处置

当列车停稳，三扇或三扇以上屏蔽门无法正常开启时。

（1）站务员立刻用对讲机通知值班员，报告故障情况。

（2）值班员报告行调，行调在接到故障无法排除的信息后，根据现场情况立即下达故障侧屏蔽门弃用或隔离命令。

（3）下达故障侧屏蔽门弃用命令时，行调通知车站值班员利用车控室屏蔽门控制盘，用钥匙切换到“PEC 允许”挡，将全部屏蔽门操作至全部“打开”状态，并授权到站台端头操作盘。

（4）乘客乘降完毕后，司机关闭车门。

（5）行调令司机通过端头操作盘，使用“互锁解除”操作（该按钮旋转时间为 5 ~ 10 s），90 s 内必须凭发车信号发车，否则重新操作一次。

（6）司机瞭望光带完整，无夹人夹物凭发车信号发车。

（7）当列车驶出车站后，值班员立刻报告行调屏蔽门故障情况、原因、处理方法。随后报检修班组，令检修班组及时到达现场维修、排除故障。

（8）在屏蔽门弃用状态下，车站应加强车站广播，站务员加强站台管理，告知乘客注意安全，退离至安全候车区。同时行调需及时通知后续列车进入屏蔽门非正常状态进站，加强进站台区段瞭望和车厢广播，车站应加强车站广播，告知乘客注意安全，退离至安全候车区。

列车车门关闭后，三扇或三扇以上屏蔽门不能正常关闭时。

（1）站务员在确认无夹人夹物且无法排除故障后，立刻用对讲机通知值班员，报告故障情况。

（2）值班员报告行调，行调在接到故障无法排除的信息后，根据现场情况立即下达故障侧屏蔽门弃用或隔离命令。

（3）下达故障侧屏蔽门弃用命令时，行调通知车站值班员利用车控室屏蔽门控制盘，用钥匙切换到“PEC 允许”挡，将全部屏蔽门操作至全部“打开”状态，并授权到站台端头操作盘。

（4）乘客乘降完毕后，司机关闭车门。

（5）行调令司机通过端头操作盘，使用“互锁解除”操作（该按钮旋转时间为 5 ~ 10 s），90 s 内必须凭发车信号发车，否则重新操作一次。

（6）司机瞭望无夹人夹物后凭发车信号发车。

（7）当列车驶出车站后，值班员立刻报告行调屏蔽门故障情况、原因、处理方法。随后报检修班组，令检修班组及时到达现场维修、排除故障。

（8）在屏蔽门弃用状态下，车站应加强车站广播，站务员加强站台管理，告知乘客注意安全，退离至安全候车区。同时行调需及时通知后续列车进入屏蔽门非正常状态进站，加强进站台区段瞭望和车厢广播，车站应加强车站广播，告知乘客注意安全，退离至安全候车区。

2.4.5 安全门的基本操作

1. 安全门系统组成

标准PSG系统包括：双扇对开PSG活动门；月台两端双扇对开非标活动门；月台两侧的端头门MSD，每个月台两扇；固定门FIX；应急门EED；月台端头控制盒PSL；主控机PSC，每两个月台车站一个；不间断电源系统UPS（每两个月台车站使用一套驱动电源）。

站台安全门分为以下几种：标准安全门、应急门、加长安全门、第一挡门、端头门。

2. IBP的操作

为了考虑车站控制室操作安全门的要求，车控室内设置一套PEC盘。车控室人员可通过PEC，用专用钥匙打开PEC上的操作允许开关，PEC即可对安全门操作，发出“开门”、“关门”等命令。PEC的操作优先级高于系统级控制。

PEC操作：

（1）PEC使能钥匙开关：PEC控制的优先级高于信号系统的控制，只要PEC启动使能钥匙开关，来自信号系统的开关门信号就被忽略。

（2）开/关按钮：按下PSG开或关按钮，则打开或关闭相应的活动门。

（3）PEC操作钥匙开关处于“使能”时，PEC操作指示灯点亮，PSL操作无效。PEC操作钥匙处于“自动”位置时操作PSL操作钥匙开关有效（PSL优先级低于PEC）。

（4）PEC操作钥匙开关处于“使能”位置时，PEC操作指示灯点亮。操作开门按钮，车门执行开动作，指示灯闪烁，开到位后熄灭。

（5）按下灯检按钮，指示灯全部亮。

（6）门全开到位后，门开到位指示灯亮。门全关到位后，门闭锁指示灯亮。

3. PSL 的操作

当“PSL 操作允许”钥匙开关处于“使能”位置（“PSL 操作允许”信号将送至 PSC）时，“开门”“关门”“PSG 互锁解除”命令可以使用。就地操作指示盘 PSL 如图 2—57 所示。

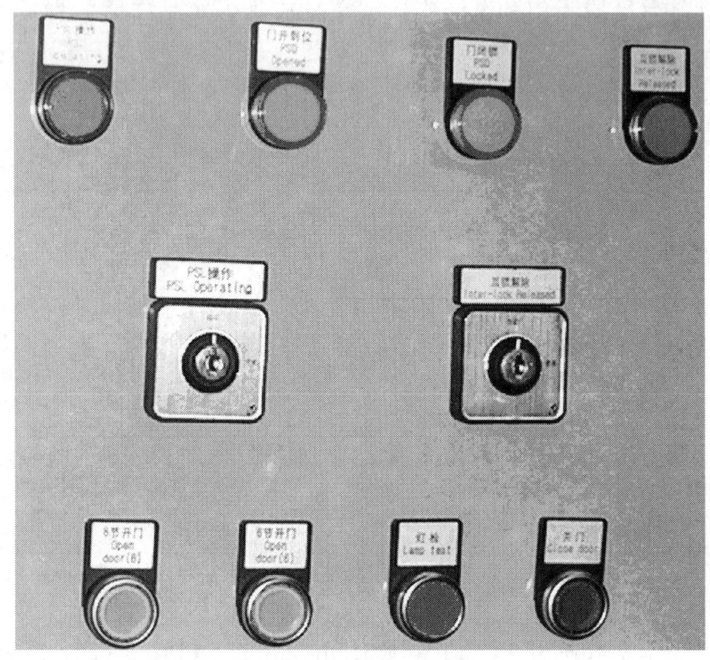

图 2—57　就地操作指示盘 PSL

（1）操作站台端头控制盒（PSL）上的“开门”按钮，可以打开活动门。

（2）操作站台端头控制盒（PSL）上的“关门”按钮，可以关闭活动门。

（3）当“PSL 操作允许”钥匙开关处于“自动”位置（“PSL 遥控操作”信号将送至 PSC）时，“开门”“关门”“PSG 互锁解除”命令失效。

（4）当某一档安全门故障时，为了不影响列车按时发车，可以操作“PGD 互锁解除”钥匙开关至“ON”，通过 PSC 向信号系统发出信息（在无信号系统控制时，需向行调汇报后，得到确认后可直接发车）。

4. 单扇安全门故障处置

（1）安全门不能正常开启。当发生安全门不能正常开启的情况时，自动控制运行模式、手动控制运行模式的处置方法相同。

当列车停稳，有 1 ~ 2 扇安全门无法正常开启时。行调在接到故障无法排除的信息后，立即下达隔离故障安全门的操作命令。行车值班员令站务员将该故障门操作至隔离且关闭状态，并在该故障门两侧固定门上张贴明显告示以告知乘客。

（2）安全门不能正常关闭。列车车门关闭后，有1～2扇安全门不能正常关闭时。

自动控制运行模式：车站站务员确认无夹人夹物现象且无法排除故障后，司机向行调汇报故障无法排除的信息，行调立即下达隔离和使用互锁解除的命令。停站列车司机立即进行互锁解除操作，司机凭收到的速度码尽快驶离车站。站务员立即将故障门操作至隔离且关闭状态。车站在故障门两侧固定门上张贴明显告示以告知乘客。

5．多扇安全门故障处置

（1）安全门不能正常开启。当列车停稳，多扇或全部安全门无法正常开启时。行调在接到故障无法排除的信息后，根据现场情况立即下达弃用或隔离命令。下达弃用命令时，行车值班员利用车控室安全门操作盘将全部安全门操作至打开状态；下达隔离命令时，令站务员将故障屏蔽门操作至隔离且关闭状态。

同时，行调需及时通知后续列车加强站台区段瞭望和车厢广播，车站应加强车站广播，告知乘客注意。

（2）安全门不能正常关闭。列车车门关闭后，有多扇或全部安全门不能正常关闭时。

自动控制运行模式：站务员在确认无夹人夹物且无法排除故障后，司机向行调汇报故障无法排除的信息，行调根据现场情况立即下达隔离或弃用和使用互锁解除的命令。停站列车司机立即进行互锁解除操作，司机凭收到的速度码尽快驶离车站。在下达弃用命令时，行车值班员利用车控室安全门操作盘将全部安全门操作至打开状态；下达隔离命令时，令站务员将故障屏蔽门操作至隔离且关闭状态，并在故障门两侧固定门上张贴明显告示以告知乘客。

行调需及时通知后续列车加强站台区段瞭望和车厢广播，车站应加强车站广播，告知乘客注意。

技能要求

车站屏蔽门系统故障处置

设定情景：列车进站对齐车门停稳后，站务员发现车站上行某扇屏蔽门无法正常开启。

操作准备：

1．场地应选择有站台及屏蔽门系统的车站、实训车站

2．屏蔽门钥匙

3．站务员小蜜蜂、对讲机、信号旗等工具

操作步骤：

1．对单扇故障屏蔽门定位

通过活动门上方的指示灯快速定位。

2．处置单扇故障的屏蔽门

（1）使用三角钥匙，手动拉开故障门。

（2）配合司机，指引乘客，安全完成上下客作业。

（3）站务员通过对讲机将故障情况汇报给车站值班员，并根据车站值班员指令，将故障屏蔽门处于打开状态隔置（“隔置”特指：单扇门弃用，使其不影响信号安全回路）。

3．根据规定，对单扇站屏蔽门非正常状态情况进行汇报

（1）站务员用对讲机告知司机。

（2）站务员用对讲机告知值班员。

4．对单扇站屏蔽门非正常状态进行安全监护工作

（1）确认无夹人夹物。

（2）发出关门良好手信号，提示司机关门发车。

（3）在故障车门上张贴醒目告示，以提醒乘客。

注意事项：

操作应安全规范，无违规操作、无违章操作。

本章复习题

一、判断题（将判断结果填入括号中。正确的填“√”，错误的填“×”）

1．自动售票机应具有引导乘客购票的相关操作说明和提示的功能。（　）

2．自动进站检票机的基本要求就是具有黑名单处理功能，对于有效的车票应开启通道阻挡装置让乘客通过。（　）

3．半自动售票机应部署于非付费区，为乘客提供车票分析、发售/赋值、加值、

替换、退款、查询等功能。（ ）

4．当自动售票机出现车票阻塞、供票盒空、废票箱满、现金箱满等情况时，均会退出服务状态。（ ）

5．轨道交通中涉及消防方面的系统有消防报警系统、气体灭火系统、消火栓灭火系统、水喷淋灭火系统和给排水系统等。（ ）

6．车站消防报警系统的探测点分布在站厅、站台、一般设备用房和管理用房等场所，对保护区域进行火灾监视，达到早发现、早通报、早处置的效果。（ ）

7．站台至站厅间根据车站远期客流设置上、下行自动扶梯是轨道交通设置自动扶梯的基本原则之一。（ ）

8．屏蔽门是将站台和轨道间隔开，使站台成为封闭式系统的装置。（ ）

9．烟烙尽灭火系统是由管网系统和报警控制系统组成的。（ ）

10．BAS按控制功能和权限的不同可以分为中央级、车站级和就地级三个等级。

（ ）

二、单项选择题（选择一个正确的答案，将相应的字母填入题内的括号中）

1．自动加值验票机设置在车站付费区内，接受纸币对公共交通卡进行（ ）和查验。

A．加值　B．售票　C．分析　D．更新

2．出站检票机内应设（ ）个票箱。

A．1　B．2　C．3　D．4

3．自动售票机票盒的替换后应在维护面板上输入（ ），然后按回车键，将自动售票机置于运营状态。

A．01　B．03　C．04　D．99

4．需要登录到自动售票机设备时，将门打开后需在维护面板上键入（ ），使自动售票机置于退出运营状态。

A．01　B．03　C．04　D．99

5．自动扶梯开始运行时，在确认正常运转之后，需再试运转（ ）min左右。

A．5～15　B．10～15　C．5～10　D．1～5

6．屏蔽门的英文简称是（ ）。

A．EED　B．PSD　C．ASE　D．PED

7．BAS就地级的功能是实现对所监控设备的（ ）控制。

A．直接　B．间接

C. 直接或间接　　　　　　　　　　D. 以上答案都不对

8. BAS 主要监控空调通风系统中的空调机组、（　　）、调节风阀、联动风阀和防火阀。

A. 隧道风机　　　　　　　　　　B. 送风机

C. 排风机　　　　　　　　　　　D. 以上答案都对

9. 列车正常运行时，环控系统的主要作用是（　　）。

A. 防灾　　　　　　　　　　　　B. 排烟

C. 排热　　　　　　　　　　　　D. 保证地铁内部空气质量达标

10.（　　）在屏蔽门系统控制模式中优先级最高。

A. 系统级　　　　B. 火灾控制　　　　C. 站台级　　　　D. 人工操作

三、思考题（请把正确答案写在空白处）

1. 对一台故障 TVM，站务员判断排故的必需步骤有哪些？

2. 不同火灾情况下，消火栓设备的应急操作有何不同？

3. 异物侵入自动扶梯梳齿板，站务员应急操作应按照什么步骤进行？

4. 对于单扇屏蔽门故障与多扇屏蔽门故障，站务员排故处理及维护站台秩序有何不同做法？

本章复习题参考答案

一、判断题

1. √　　2. ×　　3. ×　　4. √　　5. √　　6. √　　7. √

8. √　　9. ×　　10. √

二、单项选择题

1. A　　2. B　　3. A　　4. B　　5. C　　6. B　　7. A

8. D　　9. D　　10. D

三、思考题

略。

第3章 车站应急处置

学习目标

- 了解大客流的定义及成因、处置原则。
- 掌握车站在三个不同等级下大客流响应的处置措施。
- 了解车站道床伤亡事故的定义、处置原则。
- 掌握车站道床伤亡事故对站务员岗位的处置要求和应急用品准备要求。
- 了解车站火灾、爆炸、投毒等事故的定义、处置原则。
- 掌握车站火灾、爆炸、投毒等事故对站务员岗位的处置要求和应急用品准备要求。
- 了解服务品牌建设的基本知识、轨道交通品牌建设的总体目标。
- 掌握三级站务员岗位基本要求与素质。
- 了解服务质量监控基本知识。
- 掌握服务质量监控结果分析及采取相应服务举措的基本技巧。

3.1 实施大客流爆满情况岗位预案

知识要求

3.1.1 大客流的定义

大客流是指车站在某一时段集中到达的客流量，超过车站承载能力或线路运送能力时的客流（见图3—1）。大客流一般在早晚高峰时段、大型文体活动散场时、重要枢纽节假日期间或突发事件造成列车运营延误、中断时发生。

图3—1 车站大客流

3.1.2 大客流的成因

1. 非突发性大客流

（1）枢纽站多线换乘客流在车站换乘通道发生交汇对冲。

（2）早晚高峰时段、节假日、重大活动期间某一段内发生爆发性客流，超过车站承载能力或该时段内线路运送能力。

2. 突发性大客流

（1）运营突发性事件（运营故障、火灾、自然灾害等）引起的列车运营延误、中断或车站乘客滞留拥挤。

（2）治安突发性事件（治安案件或事件、恐怖袭击等）引起的运营中断或车站乘客滞留拥挤。

3.1.3 处置原则

1. 科学预判，果断响应

对非突发性大客流，根据形成规律、规模，科学预判大客流等级；对突发性大客流，及时预判对车站、线路运营的影响程度，及时果断启动大客流响应预案。

2. 车站分类，客流分级

首先根据车站日均客流、换乘功能、技术条件等因素，对车站分类；其次根据车站客流拥挤程度和突发案（事）件情况，结合轨道交通运营管理和秩序维护工作，将大客流划分相应等级。

3. 强化联动，及时疏导

大客流的处置除车站职责外，还需要联合公安、路面公交等多方社会力量共同参与。因此，车站应制定联合各方力量的地铁大客流处置方案，在现场处置过程中，需强化车站与公安等各方力量之间的联动，相互配合，及时疏导拥堵客流。

4. 有序指挥，畅通信息

根据大客流等级，按照“谁实施启动，谁负责指挥”的原则，实施大客流现场处置；各单位、各车站之间加强信息传递和沟通协调，同时，注重对外宣传工作的规范、准确。

3.1.4 不同等级大客流响应

在日常工作中，可根据客流变化情况，并结合轨道交通日常运营管理和秩序维护工作，根据车站客流拥挤程度和突发案（事）件情况，将大客流疏导措施按照强度依次递增分为三级、二级、一级三个级别，并分别设定相应的启动条件。

下面以车站为主体，分别说明三个级别的大客流响应：

1．三级大客流组织响应

（1）车站现场处置措施

1）对出入口、换乘通道、楼梯口加派人员进行限流，对拥堵点进行重点疏导。

2）必要时，换乘车站关闭单向换乘通道。

3）关闭部分 AFC 设备，调整自动扶梯运行方式。

4）加强车站站台监护力量，确保站台安全。

5）通过各种方式告知车站运营情况，加强车站广播、现场人工引导、设置临时公告、告知其他换乘方式及路径。

（2）线路控制中心处置措施。视情况进行运行调整，提升大客流组织响应区段运力，缓解客流拥堵，换乘枢纽站视情况安排换乘线路列车在该站跳停。

（3）路网控制中心处置措施。加强重点车站客流情况的监控。

（4）公安民警现场处置措施。组织站内保安、安检人员到自动扶梯、站台、换乘通道、楼梯口、出入口对拥堵点进行值守，并通过电喇叭等手段做好宣传和提示。

（5）服务热线做好与乘客沟通、回答乘客询问、对乘客解释和答复等工作。

2．二级大客流组织响应

（1）车站现场处置措施

1）对出入口、楼梯口加派人员进行限流，并通知民警派力量一同疏导，可对车站出入口实施“单进单出”措施。

2）关闭部分 AFC 设备，停止自动扶梯运行。

3）换乘车站关闭单向或双向换乘通道。

4）加强车站站台监护力量，确保站台安全。

5）必要时，向线路控制中心请求调整列车运行方式（加开、跳停）。

6）通过各种方式告知车站运营情况，加强车站广播、现场人工引导，设置临时公告，换乘站在服务中心和出站闸机等关键点悬挂换乘路径建议，告知其他换乘方式及路径。

7）组织增援人员赶赴现场，加强车站现场人员疏导力量。

（2）线路控制中心处置措施。采取加开备车、放空始发站列车、实施交路运行、单向越站运行等调整方式，提升大客流区段运力，缓解客流拥堵，换乘枢纽站视情况安排换乘线路列车在该站跳停。

（3）路网控制中心处置措施

1）协调路网相邻线路的线路控制中心，加强相邻线路枢纽站客流情况的监控。

2）适时通过多种信息发布手段向乘客发布出行提示及导乘。

（4）公安民警现场处置措施

1）组织站内保安、安检人员到自动扶梯、站台、换乘通道、楼梯口、出入口对拥堵点进行值守，加强疏导，并通过电喇叭等手段做好宣传和提示。

2）近调派增援警力赶赴现场。

（5）服务热线做好与乘客沟通、回答乘客询问、对乘客解释和答复等工作；媒体信息部门利用各种信息发布手段加强对外宣传，并及时向 COCC 反馈信息。

3．一级大客流组织响应

（1）车站现场处置措施

1）车站停止客运服务，各出入口实行“只出不进”措施。

2）换乘车站关闭双向换乘通道。

3）出入口、换乘通道处增设人员值守疏导。

4）加强车站广播及出入口 LED 显示屏的文字通告信息、出入口设置临时公告。

5）必要时，向线路控制中心请求跳停或退出运营。

6）组织增援人员赶赴现场，加强车站现场人员疏导力量。

（2）线路控制中心处置措施。调整运行方案并组织实施，保持与车站、列车司机的同步联系，换乘枢纽站视情况安排换乘线路列车在该站跳停，并通知司机利用广播引导乘客使用其他网络换乘线路换乘。

（3）路网控制中心处置措施

1）启动相应等级预警。

2）协调路网相邻线路的线路控制中心，加强相邻线路枢纽站客流情况的监控。

3）适时通过多种信息发布手段向乘客发布运营调整信息，加强出行提示及导乘。

4）协调交通部门启动“公交预案”，并向其及时报告轨道交通运营调整情况。

（4）公安民警在实施二级大客流疏导措施基础上，提请市公安局指挥中心（市应急联动中心）采取以下措施：

1）启动《关于处置轨道交通区域发生重大突发案（事）件的工作预案》。

2）指令地区公安局组织增援警力到达指定车站，在出入口设置警戒线，实行客流“只出不进”措施。

3）根据车站现场指挥点请求，指令地区公安局增援力量进入车站，在自动扶梯、楼梯、站台站厅、出入口通道等客流拥堵险情点进行疏导。

4）疏导地面交通，加强与市交通港口局的联系，掌握公交运营方案，引导指挥、救援、保障等任务，落实接驳公交车临时停放、上下乘客。

5）加强治安持续管理，划定警戒区域，设定人员疏散安置点，做好车站出入口周边治安秩序维护和管理。

6）视情况采取现场救援，发生人员伤亡情况，指挥中心调动市卫生局、消防局等单位到场救治、运送伤员，地区分局通知相关医疗机构做好相应准备工作。

（5）服务热线做好与乘客沟通、回答询问、对其解释和答复等工作；媒体信息部门利用各种信息发布手段加强对外宣传，及时监控舆情并与媒体保持良好沟通，及时向 COCC 反馈信息。

3.1.5 预案取消

大客流现场处置结束，视情况陆续开启或关闭的售票窗口和 TVM、进口闸机、自动扶梯、出入口，及时撤走临时公告、导向、警戒绳等限流工具，合理布岗，有序地办理正常运营作业。

3.1.6 常用限流设备

为确保安全，可在车站的出入口、站厅、站台预先设置各类限流栏杆，以达到引导乘客有序走行，避免人流对冲，或在大客流发生时限制或使乘客减速进入人流拥挤的区域的目的。以下是几种常用的限流栏杆：

1．不锈钢栏杆

常用于自动扶梯起止处，避免人流在自动扶梯口处对冲，如图 3—2 所示。

图 3—2　不锈钢栏杆

2. 可移动栏杆

可以根据需要的长度拼装，常用于站厅中对客流进行分流，如图 3—3 所示。

图 3—3　可移动栏杆

3. 移动式拉门

应急情况时可以拉展出来隔断通道，常用于换乘通道或出入口处的限流，如图 3—4 所示。

图 3—4　移动式拉门

4. 限流门

可以根据现场情况关闭部分或全部通行通道，减缓或限制人流进入相应区域，常用于站厅或出入口处的限流，如图 3—5 所示。

图 3—5　限流门

5．限流链条

常用于楼梯处的短暂限流，减缓客流拥入站台的速度，如图3—6所示。

图3—6　限流链条

3.1.7　应急物品

车站各类大客流应急备品备件，应建立清单、定期检查；用电设备需确保设备电力充足，易耗物品需及时申领补充确保最低保有量。

1．用电设备

对讲机、喊话器、录音喇叭、应急手电筒、引导棒等。

2．易耗物品

车站平面图（A4大小）、限流告示、警戒绳、致歉信等。

3.1.8　现场媒体应对原则

大客流处置过程中，车站人员按要求应对媒体采访，不得随意发布信息。

1．一般情况下，对未经批准媒体记者的现场采访要求，车站原则上不予接受，解释口径为："对不起，我们正在抓紧进行现场处置，如需了解详细情况，请与相关部门联系。"并按一定程序或凭证依照相关采访手续受理。

2．应急情况下，由公司成立媒体应对工作组，了解获批采访媒体信息，并拟定现场接待媒体时的统一解释口径。车站安排值班站长以上级别人员作为采访对象，按照现场情况统一的采访口径陪同并接受记者采访。

3.1.9　大客流预案案例

某站为X号线与Y号线两线换乘枢纽站，其中X号线与Y号线成T字形交叉，乘客可以通过站台换乘通道或站厅进行换乘。根据三个级别大客流响应处置措施，该站根据车站的具体情况，制定了该站大客流一站一预案，并制订预案演练计划，增强各岗位员工的实战应急处置能力，见表3—1至表3—3，如图3—7至图3—9所示。

表3—1　　X号线三级大客流限流组织

位置	岗位	职　责
车控室	（1）值班站长	负责所管区域的客运指挥工作
	（2）Y号线行车值班员	按限流预案执行，加强人工广播，保证信息畅通。严密监视车站安全秩序，关闭部分进站闸机和TVM设备
	（3）X号线行车值班员	按限流预案执行，加强人工广播，保证信息畅通严密监视车站安全秩序。做好与站务员的信息沟通工作
Y号线客服中心	（4）客服中心站务员	保护好票款，做好退票及宣传解释工作
	（5）设备值班员	保护好票款，做好退票及宣传解释工作
Y号线上行站台	（6）站台站务员	维持上行站台秩序，确保站台安全
Y号线下行站台	（7）站台站务员	维持下行站台秩序，确保站台安全
Y号线站台5号换乘楼梯	（8）保安	维持Y号线站台南5号换乘楼梯秩序，控制进入X号线客流，确保站台安全
	（9）保安	维持Y号线站台北5号换乘楼梯秩序，控制进入X号线客流，确保站台安全
	（10）站务员	
X号线客服中心	（11）客服中心站务员	保护好票款，做好退票及宣传解释工作
X号线站厅3号楼梯换乘处	（12）站务员	维持X号线站厅3号楼梯秩序，控制进入X号线客流，确保乘客安全
	（13）保安	
	（14）民警	负责站厅换乘点的乘客换乘引导，控制进入X号线站台客流，做好换乘Y号线乘客宣传解释工作
X号线站厅4号楼梯	（15）保安	维持X号线站厅4号楼梯秩序，确保乘客安全

续表

位置	岗位	职　　责
X 号线上行站台	（16）站台站务员（A 岗）	维持上行站台秩序，确保站台安全
	（17）站台站务员（B 岗）	维持上行站台秩序，确保站台安全
X 号线下行站台	（18）站台站务员（A 岗）	维持下行站台秩序，确保站台安全
	（19）站台站务员（B 岗）	维持下行站台秩序，确保站台安全
X 号线站台 5 号换乘楼梯	（20）站务员	在 X 号线站台 5 号换乘楼梯口，对换乘的乘客进行宣传、引导，防止客流对冲
	（21）民警	

表 3—2　　X 号线二级大客流限流组织

位置	岗位	职　　责
车控室	（1）值班站长	监护站台客流，负责客运指挥工作
	（2）Y 号线行车值班员	按限流预案执行，加强人工广播，保证信息畅通。严密监视车站安全秩序。做好与站务员的信息沟通工作。
	（3）X 号线行车值班员	按限流预案执行，加强人工广播，保证信息畅通严密监视车站安全秩序，关闭部分进站闸机和 TVM 设备
Y 号线客服中心	（4）客服中心站务员	保护好票款，做好退票及宣传解释工作
	（5）增援人员	保护好票款，做好退票及宣传解释工作
Y 号线上行站台	（6）站台站务员	负责乘客 1 号楼梯上楼秩序，确保站台乘客安全
Y 号线下行站台	（7）站台站务员	负责乘客 2 号楼梯上楼秩序，确保站台乘客安全
Y 号线站台 5 号换乘楼梯	（8）站务员	在 Y 号线站台南换乘楼梯维护秩序，加强宣传，确保 X 换 Y 号线单向换乘，引导 Y 号线乘客从 Y 号线站台至站厅换乘或出站
	（9）保安	
Y 号线站台 5 号换乘楼梯	（10）站务员	在 Y 号线站台北换乘楼梯维护秩序，加强宣传，确保 X 换 Y 号线单向换乘，引导 Y 号线乘客从 Y 号线站台至站厅换乘或出站
	（11）保安	
X 号线客服中心	（12）客服中心站务员	保护好票款，做好退票及宣传解释工作
	（13）增援人员	保护好票款，做好退票及宣传解释工作

续表

位置	岗位	职　责
X 号线站厅 3 号楼梯换乘处	（14）设备值班员	负责站厅换乘点的乘客换乘引导，控制进入 X 号线站台客流，做好换乘 Y 号线乘客宣传解释工作
	（15）增援人员	
	（16）民警	
	（17）保安	
X 号线站厅 4 号楼梯口	（18）增援人员	适当控制客流，延缓乘客进入 X 号线站台，引导乘客出站换乘地面公交
	（19）保安	适当控制客流，延缓乘客进入 X 号线站台，引导乘客出站换乘地面公交
X 号线上行站台	（20）站台站务员（A 岗）	负责乘客上楼秩序，确保站台乘客安全
	（21）站台站务员（B 岗）	负责乘客上楼秩序，确保站台乘客安全
X 号线下行站台	（22）站台站务员（A 岗）	负责乘客上楼秩序，确保站台乘客安全
	（23）站台站务员（B 岗）	负责乘客上楼秩序，确保站台乘客安全
X 号线站台 3 号楼梯口	（24）站务员	引导乘客从 X 号线站台 5 号换乘楼梯上楼换乘 Y 号线，出站乘客从站台至站厅楼梯上楼，防止换乘楼梯客流对冲
	（25）民警 2	引导乘客从 X 号线站台 5 号换乘楼梯上楼换乘 Y 号线，出站乘客从站台至站厅楼梯上楼，防止换乘楼梯客流对冲

表 3—3　　X 号线一级大客流限流组织

位置	岗位	职　责
车控室	（1）值班站长	负责所管区域的乘客疏散指挥工作
	（2）Y 号线行车值班员	负责车站行车工作，及时做好对乘客的广播宣传，做好信息传递工作，监视设备运行、切断闸机电源
	（3）X 号线行车值班员	负责车站行车工作，关闭 6 号口进站闸机，关闭部分 TVM 及其他进站闸机，及时做好对乘客的广播宣传，做好信息传递工作
Y 号线客服中心	（4）客服中心站务员	保护好票款，做好退票及宣传解释工作。
	（5）增援人员	保护好票款，做好退票及宣传解释工作

续表

位置	岗位	职　责
Y 号线站台上行	（6）站台站务员	负责关闭站台南端 5 号换乘楼梯护栏，确保站台安全，对需要换乘 X 号线的乘客做好宣传解释工作，并引导乘客上楼
Y 号线站台下行	（7）站台站务员	负责关闭站台北端 5 号换乘楼梯护栏，确保站台安全，对需要换乘 X 号线的乘客做好宣传解释工作，并引导乘客上楼
	（8）保安	
X 号线客服中心	（9）客服中心站务员	保护好票款，做好退票及宣传解释工作
	（10）增援人员	保护好票款，做好退票及宣传解释工作
X 号线站厅 3 号楼梯换乘处	（11）设备值班员	拉起站厅换乘点隔离栏杆，控制进入 X 号线的客流，做好 Y 号线乘客换乘引导，做好乘客宣传解释工作，适时控制客流，引导乘客出站或换乘 Y 号线
	（12）民警	
	（13）保安	
	（14）民警	
X 号线站厅东端 6、7 号口处	（15）站务员	做好 X 号线公交预案引导，并引导乘坐 Y 号线乘客从站厅西端近 Y 号口进站闸机进站
	（16）保安	
X 号线站台上行	（17）站台站务员（A 岗）	在 X 号线站台东端 4 号楼梯处负责引导乘客上楼秩序，确保乘客安全
	（18）站台站务员（B 岗）	关闭换乘通道卷帘门，在 10 号线站台西端 3 号楼梯处负责引导乘客上楼秩序，确保乘客安全
X 号线站台下行	（19）站台站务员（A 岗）	在 X 号线站台西端 3 号楼梯处负责引导乘客上楼秩序，确保乘客安全
	（20）站台站务员（B 岗）	在 X 号线站台西端 4 号楼梯处负责引导乘客上楼秩序，确保乘客安全
Y 号线出口闸机	（21）票务维修	在 Y 号线出口闸机处疏导乘客
X 号线出口闸机	（22）保安	在 X 号线出口闸机处疏导乘客，做好 X 号线公交预案指引

续表

位置	岗位	职　责
8号口 进站闸机	（23）安检	在8号口进站闸机疏导乘客，确保安全
6号口	（24）安检	在6号口外引导需要乘坐Y号线的乘客改走1、4、5出入口进站，（6号口只出不进），做好X号线公交预案指引
8号口	（25）安检	在8号口外引导需要乘坐Y号线的乘客改走1、4、5出入口进站，（8号口只出不进），做好X号线公交预案指引
6、7号口 进站闸机	（26）安检	在10号线站厅4号楼梯口疏导出站客流，做好X号线公交预案指引
	（27）安检	在6、7号口进站闸机疏导乘客，确保安全
7号口	（28）安检	在7号口外引导需要乘坐Y号线的乘客改走1、4、5出入口进站（7号口只出不进），做好X号线公交预案指引
出口	（29）保洁员	在1号口引导乘客换乘X号线应急公交
	（30）保洁员	在4号口引导乘客换乘X号线应急公交
	（31）保洁员	在5号口引导乘客换乘X号线应急公交
	（32）保洁员	在6号口引导乘客换乘X号线应急公交（6号口只出不进）
	（33）保洁员	在7号口引导乘客换乘X号线应急公交（7号口只出不进）
	（34）票务维修	在8号口引导乘客换乘X号线应急公交（8号口只出不进）
启动公交预案	启用公交预案时，值班站长应及时告知引导人员，将客流向6、7号口引导	
站外公交点	（35）站务员	在6号口公交预案点引导乘客乘坐应急公交
	（36）增援人员	在6号口公交预案点引导乘客乘坐应急公交
	（37）站务员8	在7号口公交预案点引导乘客乘坐应急公交
	（38）增援人员	在7号口公交预案点引导乘客乘坐应急公交

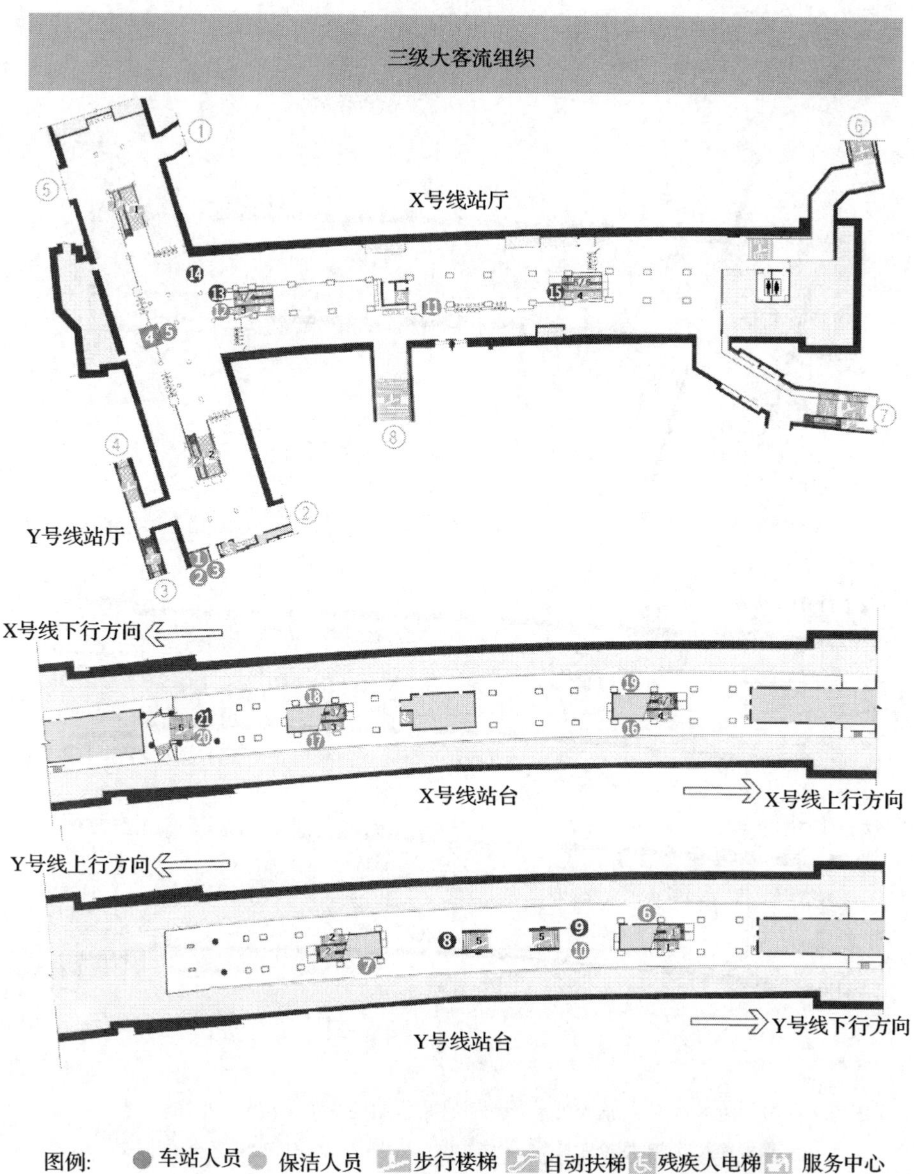

图 3—7　三级大客流组织

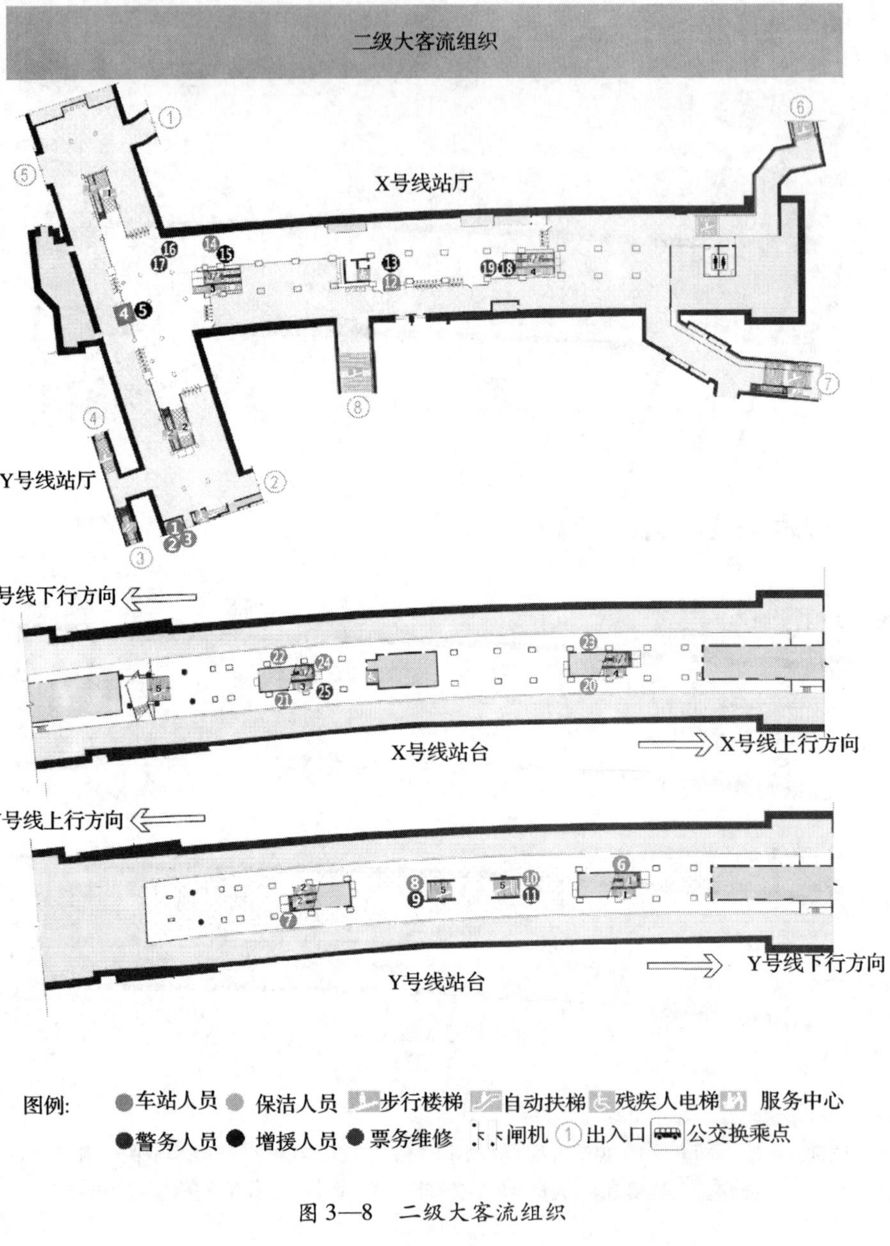

二级大客流组织

X号线站厅

Y号线站厅

X号线下行方向

X号线站台

X号线上行方向

Y号线上行方向

Y号线站台

Y号线下行方向

图例: 车站人员 保洁人员 步行楼梯 自动扶梯 残疾人电梯 服务中心
警务人员 增援人员 票务维修 闸机 ①出入口 公交换乘点

图 3—8 二级大客流组织

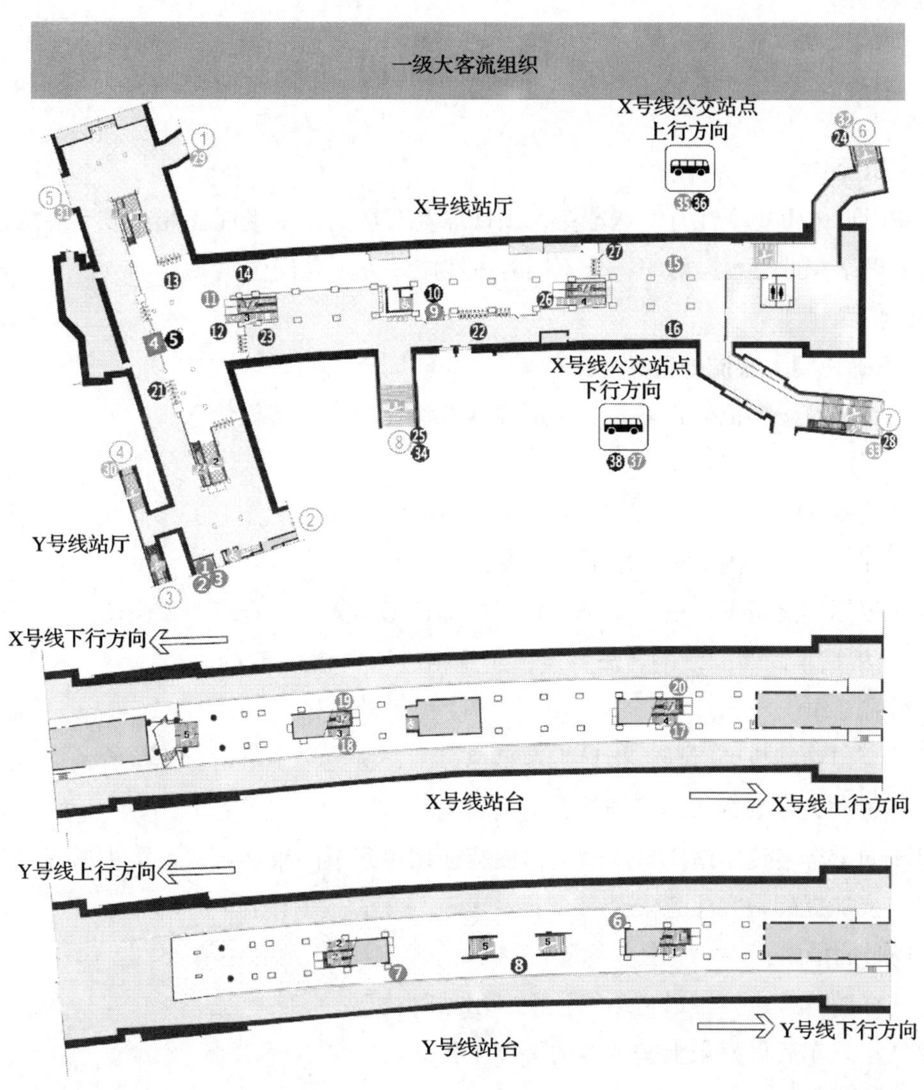

图 3—9　一级大客流组织

技能要求

大客流处置布岗

背景资料：

车站附近体育场今晚有一场球赛，预计球赛开场前及散场时该站将发生较大客流。请配合值班站长进行客运组织，分不同时段实施站务员各岗位预案。

操作步骤：

1．正确说明大客流处置准备工作

（1）与体育场方面取得联系，了解球赛开场、散场时间等信息。

（2）提前到岗，确保不空岗。

（3）检查 TVM、闸机等设备，确保运行正常。

（4）在主要出口附近放置临时引导牌。

（5）根据客流情况，提醒值班站长安排加班增援人员，合理布置岗位。

2．能根据不同时间段的客流特点，实施相应的应急处置工作。

开场前工作：

（1）至出站闸机处引导，指导乘客迅速过闸，避免集中出站时排队较长。

（2）主动引导乘客从体育场就近出入口出站。

（3）向乘客宣传本站末班车时间，提醒使用单程票的乘客可提前购买返程车票。

（4）多加提醒乘客注意安全（乘梯、上下列车、上下楼梯）。

散场时的措施：

（1）必要时开启专用通道门，让乘客出站时补票。

（2）末班车后做好未上车乘客的解释工作。

（3）提醒值班站长，在出入口外增派人手，提醒乘客末班车时间，抓紧进站。

（4）根据客流情况，提醒值班站长增加人工应急售票窗或流动售票岗，加快售票速度。

3．能说明应准备的应急用品

（1）临时护栏。

（2）临时导向牌。

（3）应急票、硬币、应急售票包等。

(4) 电喇叭。

(5) 反光背心。

3.2 实施车站道床伤亡情况岗位预案

知识要求

3.2.1 道床伤亡事故定义

轨道交通道床伤亡事故是指地铁运行过程中，非地铁职工、非公安人员被列车撞、轧而导致的人员伤亡事故。

3.2.2 道床伤亡事故的处置原则

1. 属地管辖、各负其责，优先抢救伤者、尽快恢复运营。

2. 运营时段的道床伤亡事故，处置时间原则上不超过 20 min。

3.2.3 道床伤亡事故的处置要求

1. 道床伤亡事故的现场处置以车站为主，值班站长作为现场指挥人，不论警方是否到场，都应全面负责车站前期的处置工作，动车命令应有值班站长到司机室当面向司机发布，不得使用对讲机发布（包括列车移动对位）。

2. 事发车站行车值班员作为现场信息第一人，应在事故发生后立即报行调及公司生产调度，并与事发现场保持双向沟通，及时了解处置过程，以确保现场处置的快速、安全。

3. 发生道床伤亡事故时，值班站长接报后立即赶至现场并做好拍照固定事发现场工作，车站站务员或列车司机应以最快速度确认伤（亡）者位置，并确认是否死亡，如未死亡，应及时抬离现场，送医院抢救；若伤者移动有困难或确认已死亡，可将伤（亡）者移至不会造成列车再次挤压的位置，并确认工作人员撤离线路后，通知司机移动列车进行上下客作业，待事发列车驶离后再将伤（亡）者抬至站台隐蔽处或送医院抢救。如一时无法判断是否死亡的，按未死亡进行处置。

4. 值班站长确认伤（亡）者抬离线路（遗留物收集完毕），且工作人员撤离后，至事发列车司机室通知司机恢复运营，司机汇报行调，征得行调同意后可恢复运行。

5. 一旦发生道床伤亡事件时，事发车站需及时按压紧急关闭按钮，作为现场处置的安全防范措施，值班站长发布动车命令也作为紧急关闭按钮恢复的条件，由行调通知相关集中站进行紧急关闭复原。如伤（亡）者一时无法被抬离线路，待事发列车驶离车站后，车站工作人员在下线路前须再次按压紧急关闭按钮，值班站长在确认伤（亡）者已被抬离线路（遗留物收集完毕），且工作人员撤离后，通知行车值班员汇报行调，再由行调通知相关集中站进行紧急关闭复原。

6. 对于事发列车的后续列车在进入事发车站时，需在事发车站外一度停车，在得到行调恢复运行命令后，鸣笛动车。

7. 车站处置过程中，必须寻找到两名以上的目击证人，以确保证据的有效性。

8. 在警方到场后，车站值班站长应指挥有关人员配合警方开展有关工作。

9. 事发车站工作人员及当事司机应配合警方做好询问笔录工作。

3.2.4 信息传递要求

1. 发生道床伤亡事故时，车站、列车司机须立即进行道床伤亡发生第一信息的报告并做好伤亡人员的判断和处理的续报。

2. 各车站应严格按信息汇报流程及时汇报，对尚不明确的重大信息须按照“先挂号、后续报”的原则汇报。

3.2.5 信息汇报内容

1. 事发时间（月、日、时、分）、地点（车站、上行或下行线、车次、列车迫停位置或里程标）。

2. 报告人姓名、单位、部门、工种（职务）。

3. 事件概况：包括伤（亡）者身份或外貌特征、伤势情况、送往何医院、收集旁证材料情况及恢复运行时间等。

4. 相关车站的客运组织：包括停止和恢复售票时间、退票情况及赠票发放情况等。

3.2.6 拍照固定现场的有关要求

1. 事发列车停车后，车站应立即在伤（亡）者所处位置的站台上拉出警戒线（警戒线可适当拉宽，长度适中）。

2. 值班站长拍照固定现场的照片包括：

（1）伤（亡）者所处位置上方列车车门（含车门编号）。

（2）事发列车车头全景（如无法拍摄可省略）。

（3）列车未移动时伤（亡）者位置。

（4）事发列车驶离车站后，伤（亡）者姿势全景（含轨道）。

（5）事发地点（可以里程标或隧道壁上有特点的广告牌作为拍摄对象）。

注：拍照须在3 m内进行，照片根据不同情况可适当多拍几张，以确保证据的有效性。

3.2.7 应急物品

1. 车站应保证担架、裹尸袋、轮椅、照相机（包括胶卷及电池）、手电筒、警戒绳、对讲机等物品的完好与齐全，以备急需。

2. 应急物品原则上应放置于车控室，个别车站也可将轮椅、担架等物品放置于站台的站务员室，但须人人皆知。

3.2.8 现场处置时各岗位职责

1. 道床伤亡事故发生在车站

（1）列车司机

1）立即停车，及时汇报行调。

2）配合车站确认伤（亡）者位置及伤亡情况。

3）向值班站长报告伤（亡）者位置，尽可能配合现场勘查人员前期调查和证据收集。

4）接受值班站长动车指令，并及时将信息传递至行调。

（2）行车值班员

1）汇报行调、公司生产调度、值班站长、警务站。

2）联系医疗单位（120），及时抢救伤员。

3）督促、提醒站务员及时确认伤（亡）者位置及伤亡情况。

4）与事发现场保持双向沟通，密切注意运营情况，确保行车安全。

5）加强各类人工广播，做好运营恢复的准备工作。

（3）值班站长

1）立即携带应急物品赶至现场。

2）督促有关人员寻找并挽留目击证人。

3）做好拍照固定事发现场等工作。

4）组织工作人员抢救伤员或清理尸体及遗留物等。

（4）站台站务员

1）立即按压紧急关闭按钮（侧式站台线路应同时按压上下行两侧紧急关闭按钮）。

2）及时确认伤（亡）者位置及伤亡情况。

3）做好伤者的抢救、尸体的位移、接送及遗留物的收集工作。

4）主动、迅速地寻找并挽留目击证人。

5）维持好站台秩序，做好乘客的解释工作，劝阻乘客围观，确保站台安全。

（5）站厅站务员

1）服从安排，做好相应的停止售票或退票工作。

2）坚守岗位，做好乘客的解释工作。

2．道床伤亡事故发生在地下区间隧道内

（1）列车司机

1）立即停车，及时汇报行调。

2）尽可能的确认伤（亡）者位置及伤亡情况。

3）向值班站长报告伤（亡）者位置，尽可能配合现场勘查人员前期调查和证据收集。

4）接受值班站长动车指令，并及时将信息传递至行调。

（2）行车值班员

1）接到行调通知后，立即报公司生产调度、值班站长、环控值班员、警务站。

2）联系医疗单位（120），及时抢救伤员。

3）督促、提醒站务员及时确认伤（亡）者位置及伤亡情况。

4）与事发现场保持双向沟通，密切注意运营情况，确保行车安全。

5）加强各类人工广播，做好运营恢复的准备工作。

（3）设备值班员

1）立即打开区间隧道照明。

2）坚守岗位，服从安排。

（4）值班站长

1）根据行调命令，立即携带应急物品赶至现场。

2）做好拍照固定事发现场等工作。

3）根据行调命令组织工作人员抢救伤员或清理尸体及遗留物等。

（5）站台站务员

1）服从值班站长安排，立即赶至现场。

2）及时确认伤（亡）者位置及伤亡情况。

3）做好伤者的抢救、尸体的位移、接送及遗留物的收集工作。

4）维持好站台秩序，做好乘客的解释工作，确保站台安全。

（6）站厅站务员

1）服从安排，做好相应的停止售票或退票工作。

2）坚守岗位，做好乘客的解释工作。

注：区间内发生列车撞击人员后，事发列车司机应立即停车，及时报告行调并按行调指令进行操作。

3. 道床伤亡事故发生在地面线路

（1）列车司机

1）立即停车，及时汇报行调。

2）确认伤（亡）者位置及伤亡情况，会同值班站长寻找伤（亡）者，密切配合现场勘查人员前期调查和证据收集。

3）接受值班站长动车指令，并及时将信息传递至行调。

（2）行车值班员

1）接到行调通知后，立即报公司生产调度、值班站长、警务站。

2）联系医疗单位（120），及时抢救伤员。

3）密切注意运营情况，确保行车安全。

4）加强各类人工广播，做好运营恢复的准备工作。

（3）值班站长

1）根据行调命令，立即携带应急物品赶至现场。

2）督促有关人员寻找并挽留目击证人。

3）拍照固定事发现场，记录伤（亡）者的姿势、死亡人员被肢解的器官、肢体散落情况等。

4）组织工作人员抢救伤员或清理尸体及遗留物等。

（4）站台站务员

1）服从值班站长安排，立即赶至现场。

2）做好伤者的抢救、尸体的位移、接送及遗留物的收集工作。

3）维持好站台秩序，做好乘客的解释工作，确保站台安全。

（5）站厅站务员

1）服从安排，做好相应的停止售票或退票工作。

2）坚守岗位，做好乘客的解释工作。

3.2.9 车站发生道床伤亡事件时的处置流程图（见图3—10）

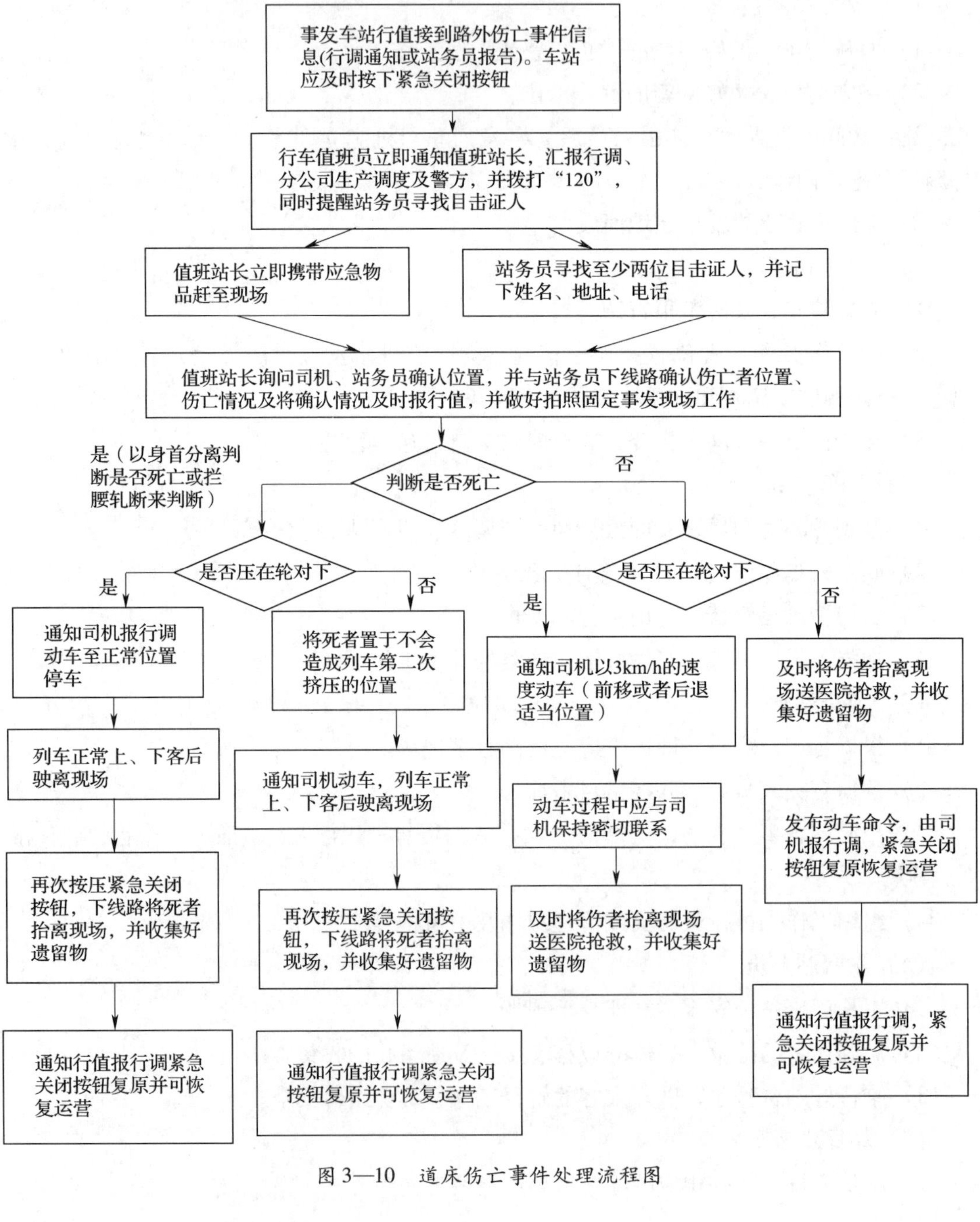

事发车站行值接到路外伤亡事件信息(行调通知或站务员报告)。车站应及时按下紧急关闭按钮

↓

行车值班员立即通知值班站长，汇报行调、分公司生产调度及警方，并拨打“120”，同时提醒站务员寻找目击证人

↓

值班站长立即携带应急物品赶至现场

站务员寻找至少两位目击证人，并记下姓名、地址、电话

↓

值班站长询问司机、站务员确认位置，并与站务员下线路确认伤亡者位置、伤亡情况及将确认情况及时报行值，并做好拍照固定事发现场工作

↓

判断是否死亡

是（以身首分离判断是否死亡或拦腰轧断来判断）→ 是否压在轮对下

- 是 → 通知司机报行调动车至正常位置停车 → 列车正常上、下客后驶离现场 → 再次按压紧急关闭按钮，下线路将死者抬离现场，并收集好遗留物 → 通知行值报行调紧急关闭按钮复原并可恢复运营
- 否 → 将死者置于不会造成列车第二次挤压的位置 → 通知司机动车，列车正常上、下客后驶离现场 → 再次按压紧急关闭按钮，下线路将死者抬离现场，并收集好遗留物 → 通知行值报行调紧急关闭按钮复原并可恢复运营

否 → 是否压在轮对下

- 是 → 通知司机以3km/h的速度动车（前移或者后退适当位置）→ 动车过程中应与司机保持密切联系 → 及时将伤者抬离现场送医院抢救，并收集好遗留物
- 否 → 及时将伤者抬离现场送医院抢救，并收集好遗留物 → 发布动车命令，由司机报行调，紧急关闭按钮复原恢复运营 → 通知行值报行调，紧急关闭按钮复原并可恢复运营

图3—10　道床伤亡事件处理流程图

3.2.10 道床伤亡处置案例

1. 案例1

事件回放：

某日22：02，某站上行列车进站时，乘客高某在上行站台39号门位置跌入轨道中，在高某想爬上站台时，被列车碾挤至37号和38号门之间，列车超过该乘客四扇车门，乘客被卡在车身与站台之间。

22：02，上行站务员发现后立即按下本站台紧急关闭按钮，同时向值班站长和行车值班员汇报，并通知下行站务员共同按压下行紧急关闭按钮，行车值班员立即汇报行调、生产调度、警务站及拨打120。

22：03，当班值班站长到达现场，查明现场实际情况，发现该乘客被碾压在车轮下，立即联系司机退行，再进行后续处理。

22：10，列车慢速退行到位，值班站长与另2名站务员及民警携带担架下轨道，现场拍照取证后，于22：14将该乘客抬上站台，确认无遗留物在轨道内。

22：15，车站将上下行紧急关闭按钮复位。

22：16，该列车驶进上行站台办理上下客作业，后续运营恢复正常。

22：26，120急救车到达现场，当场确认该乘客已死亡。

案例分析：

该事件发生后，车站立即启动本站道床伤亡预案，由于处置及时，列车在15 min内即恢复了正常运营，未对后续列车造成较大影响。回看事情经过，有以下几点问题需要注意：

（1）事发时已临近末班车时间，站台几无候车乘客现场目睹事发经过，因此站务员未找到目击证人，如发生在其他时段，应尽力寻找两个以上现场目击证人，留下证人的姓名及联系方式。

（2）根据监控录像回放显示，该乘客疑似醉酒，在神志不清的情况下跌入轨道内，因此，在站台未安装屏蔽门、安全门的车站，站台站务员更应加强站台巡视，时刻提醒乘客站在安全线内候车，列车即将进站时，可鸣哨警示，巡视中如发现神情恍惚的乘客更应该多加注意，必要时应通知值班站长或警务站人员到现场询问乘客了解情况，可避免此类惨剧发生。

2. 案例2

事件回放：

某日 21：24，某站下行列车进站时，乘客李某在下行站台 15 号门位置跌入轨道中，列车司机发现后紧急停车。

21：24，下行站务员发现后立即按下本站台紧急关闭按钮，同时向值班站长和行车值班员汇报，并通知上行站务员共同按压下行紧急关闭按钮，行车值班员立即汇报行调、生产调度、警务站。

21：26，当班值班站长与一名站务员及民警下轨道到达现场，到现场查明情况，发现该乘客自行从车底爬出。

21：28，值班站长与民警将该乘客扶上站台，现场拍照取证后，于 21：28 确认无遗留物在轨道内，通知行车值班员将紧急关闭按钮复位。

21：29，车站将上下行紧急关闭按钮复位。

21：30，该列车驶进下行站台办理上下客作业，后续运营恢复正常。

21：35，乘客李某被带到车站警务站，经检查手部有些许擦伤外无大碍，后自行离开车站。

案例分析：

该事件由于乘客并未被列车碾伤或死亡，因此车站处理迅速，按照预案流程，六分钟后恢复正线运营，回看事情经过，有以下几点问题需要注意：

（1）根据监控录像回放显示，乘客李某在列车进站前，由于身体不适，身靠在站台边的安全护栏边，列车进站时，由于列车带动空气流动产生的压强差将李某推向了列车一边，正好跌入了两节车厢的连接空档内，幸好此时列车已减速，未碾伤李某。就此案例，站务员在站台上应时刻提醒乘客站在安全线内候车，尤其是只安装了安全护栏的站台不能放松警惕，禁止乘客倚靠在护栏上，以免发生危险。

（2）站务员在列车进站准备接发列车的时候，根据作业标准，站在接车位置处，应通过“左一秒、右一秒”全方位地查看左右两边候车乘客的情况，不能只看一边，而忽略了观察另一边乘客。

技能要求

道床伤亡事故应急处置

背景资料：

某日一高架侧式站台，上行列车即将进站时，一位乘客跳下站台，司机见状立即采取紧急制动措施，但列车由于惯性，还是撞上了此人，并将此人碾压在车轮下。

操作准备：

1. 场地应选择有站台及屏蔽门系统的车站、实训车站

2. 现场配备对讲机、信号灯、担架、照相机、警戒绳、安全护栏等道床伤亡处置工具

操作步骤：

1. 依据道床伤亡预案，实施站台站务员应急处置工作

（1）站台站务员及时按压紧急停车按钮。

（2）拉起警戒绳，疏散围观乘客，维护现场秩序。

（3）做好站台监护，防止乘客跌入道床。

2. 依据道床伤亡预案，实施站厅各岗位站务员的应急处置工作

（1）站厅站务员做好发放致歉信及办理退票准备，同时做好解释工作。

（2）做好站厅限流准备工作。

（3）站厅站务员听从值班站长安排，至相应的出入口引导120救护人员与公安进站，并随时保持与车控室联系。

3. 依据道床伤亡预案，实施站务员至现场的配合工作

（1）跟车至现场的站务员要协助值班站长准备好照相机、担架、粉笔（干粉类）、裹尸布、电筒等应急物品，进入区间线路处置必须得到总调许可，并报告进入处置的人员数量，不得擅自进入区间隧道。

（2）协助值班站长确认伤亡者的位置，照相拍摄事发现场及伤亡者的姿态，伤亡者被肢解的器官，肢体散落情况。

（3）将伤亡者带至车站隐蔽处，等待120急救中心或公安民警处置。

（4）事故现场处置结束后，及时汇报值班站长，由值班站长确认恢复运行。

3.3 实施车站火灾、爆炸、投毒情况岗位预案

知识要求

3.3.1 车站火灾、爆炸、投毒事件的定义

轨道交通火灾、爆炸、投毒事件是指在地铁车站、电动列车、区间线路等处发生

爆炸、火灾、毒气（气体、液体），造成危及乘客人身安全、财产损失及重大社会影响的突发事故（件）。主要类型有：

1. 在轨道交通路网内各线运营时段车站、电动列车、区间线路等处发生火灾，危及乘客人身安全的事件。

2. 在轨道交通路网内各线路运营时段车站、电动列车、区间线路等处发生的爆炸事件。

3. 在轨道交通路网内各线运营时段车站、电动列车、区间线路等处发生毒气（液）杀伤乘客导致人身伤亡事件。

3.3.2 处置原则

车站火灾、爆炸、投毒事件按照“统一指挥、快速反应、以人为本、抢救优先、配合协同、减少危害”的原则处置。

3.3.3 处置要求

1. 当接到灾情报告后，应立即按信息报告流程进行汇报，根据抢险救灾指挥小组指令，发布抢险命令，迅速做出反应，确定救援及运营调整方案。

2. 了解火灾、爆炸、毒气事故先期处置情况和事态发展情况，与轨道公安分局等共同组成现场应急处置指挥部，决定抢险救援、救助伤员方案，明确各单位和人员分工及职责，进行先期处理，组织紧急救护工作，并采取措施，防止次生事故发生。

3. 遵循“以人为本、减少灾害”的原则，车站应及时联系120急救中心开展医疗救护工作，并组织各部门、车站做好人力、物力支援等配合工作。

4. 配合轨道公安分局进行火灾、爆炸、毒气事故事件现场的调查和侦察工作，现场指挥人员应组织线路运营单位做好保护现场、询问证人等配合工作。

5. 现场指挥人员应协调相关单位做好维持现场秩序工作，并组织各部门、车站做好疏散乘客和围观群众、保持运输通道畅通等工作，车站应做好宣传广播、维持现场秩序等配合工作。

6. 如系毒气所致，现场指挥人员还应协调市消防局和防化部队与市急救中心共同做好伤员救护工作。车站工作人员应佩戴好相应的防护器具，防止自身受到伤害。同时公司总经理与防化专业技术人员、环境专家和运营商商讨地下毒气的清除方案，并组织线路运营单位实践，防止事件进一步扩大和恶化。

7. 事件发生后未经同意现场任何人员不得擅自对外公布事件的信息。

3.3.4 信息报告内容

1. 火灾、爆炸、毒气事件发生时间、地点及影响程度（乘客伤亡情况、中毒初步症状）等，事件概况：伤亡情况、人数、初步原因及处置措施，送往何医院，收集旁证材料情况及恢复运行时间。

2. 事故已采取的措施。

3. 事故发生的后续跟进措施。

4. 车站的客运组织，包括停止和恢复售票时间、退票情况及赠票发放情况等。

5. 其他必须说明的内容及要求。

6. 报告人单位、姓名、岗位。

3.3.5 处置方法

1. 车站发生火灾事件

（1）当垃圾筒、单个照明灯具以及少量可燃垃圾等发生火情时

1）立即用移动式灭火器材将火扑灭。

2）火熄灭后，可采用盆水或自救水喉将燃烧物浸湿，以防复燃。

（2）当商铺发生火灾时

1）火势较小时，宜采用移动式灭火器材进行扑救。

2）火势较大时，应首先切断商铺电源，并直接用墙式消火栓进行灭火。当消火栓水压不足时，可击碎远程启泵按钮玻璃进行自动加压。

（3）当设有气体自动灭火系统保护的设备用房发生火灾时

1）关闭所有设备房门（确认无人员在内）进行自动灭火。

2）如此时气体未达到自动喷放条件，则应手动启动气体强制喷放按钮进行灭火。

3）实施气体灭火时，不得随意开启设备房门，等消防等专业人员到场确认后方可开启。

4）当设备房内火势较小且能开启设备箱门或直接看到明火时，可采用移动式灭火器进行处置。

（4）当发生人为泼洒易燃液体故意放火时

1）当易燃液体燃烧面积较小时，可采用移动式灭火器，多人合作，并排推进的方式进行灭火。

2）当易燃液体燃烧面积较大时，可先用墙式消火栓并宜采用开花或喷雾水流控制

火势蔓延，切莫采用直流水枪冲击易燃液体，以防燃烧的液体流淌并扩散。

2. 车站发生爆炸事件

（1）爆炸恐怖形式主要有普通炸弹爆炸、汽车炸弹爆炸、自杀性人体炸弹爆炸、邮件（包）炸弹爆炸、固定箱包炸弹爆炸、橡皮艇炸弹爆炸。

（2）正确识别可疑爆炸物

1）看。由表及里、由近及远、由上到下无一遗漏地观察，识别、判断可疑物品或可疑部位有无暗藏的爆炸装置。

2）听。在寂静的环境中用耳倾听是否有异常声响。

3）嗅。如黑火药含有硫黄，会放出臭鸡蛋（硫化氢）味；自制硝铵炸药的硝酸铵会分解出明显的氨水味等。

（3）发现疑似爆炸物

1）及时报警。向就近的工作人员或通过报警器或通信工具向警方报警，并迅速告知附近人员进行疏散。报警时最好不使用无线电通信工具，以免引爆无线遥控的爆炸物。

2）紧急处置。不要轻易翻动可疑物品。可能时，应根据爆炸物的情况及其位置分别采取相应处置方法。若怀疑爆炸物为遥控装置时，可利用防爆毯、防爆筒将其罩住进行屏蔽。若怀疑爆炸物为电起爆装置，且电雷管脚线外露时，应迅速将雷管线剪断。若怀疑为人体炸弹，在有把握时应迅速将其制服。若怀疑爆炸物为导火索装置，在未点燃时只需要疏散人群，待警方来人处置；对已点燃且露的导火索，应迅速判明燃烧位置，在未燃处剪断或将其拔出；来不及处置时，应脸朝下且头部背向爆炸物就地卧倒，或尽量选择安全位置躲避。

3）迅速撤离。在工作人员或警方的组织下，保持镇静，听从指挥，不要拥挤，按规定的路线迅速、有序地撤离现场。

4）封控现场。专业人员排爆时，应当处在警戒区之外，并积极协助警方进行调查，向警方提供破案线索。爆炸物露天情况下警戒区最小半径为：9～20 kg 的汽车炸弹为 300 m；3～10 kg 的行李炸弹为 200 m；3 kg 以下爆炸装置为 100 m；期刊、信件等微型爆炸装置为 10 m。

（4）发生恐怖爆炸袭击时

1）发生爆炸恐怖事件时车站人员应当积极开展自救互救。

2）掩蔽。即将发生爆炸时应就近掩蔽或卧倒，护住重要部位。

3）灭火。就近寻找灭火器等消防设施组织灭火，火势较大无法扑灭时，用随身携带的口罩、手帕或衣角捂住口鼻；若在密闭空间内烟味太呛，可用矿泉水、饮料等润湿布块、防止因烟雾和毒气引起窒息。

4）撤离。如果发生大量人员慌乱撤离，老人、妇女、儿童尽量“溜边”，防止被挤倒受到踩踏伤害；人员拥挤时，要用一只手紧握另一只手手腕，双肘撑开，平放于胸前，微微向前弯腰，形成一定的空间，保证呼吸顺畅，以免窒息晕倒；若被挤倒，应设法让身体靠近墙要或其他支撑物，把身子蜷缩成球状，双手紧扣置于颈后，保护身体重要部位和器官。

5）抢救。有能力的人员应协助警方和医务人员抢救伤员，就地取材，进行止血、包扎、固定，搬运伤员时应注意使脊柱损伤人员保持水平位置，以防止移位而发生截瘫。

6）协助。在警方对现场进行搜查以发现是否还有未爆炸的爆炸装置时，应注意协助保存现场，并及时向警方提供可疑人员、物品等线索。

3．车站发生投毒事件

（1）防护：凡在现场参与处置人员，都必须进行一级防护。

（2）询情

1）了解被困人员情况。

2）了解泄漏物质、时间、部位、形式、已扩散范围。

（3）警戒

1）根据询情设置警戒区域。

2）警戒区划分为重危区、轻危区、安全区；重危区是指对人员、装备、建（构）筑物等构成重大威胁，可能造成人员严重中毒和污染的区域；轻危区是指对人员、装备、建（构）筑物等构成一定威胁，可能造成人员中毒和轻微污染的区域。

3）分别划分区域并设立标志，在安全区外视情设立隔离带。

4）严格控制各区域进出人员、车辆，并逐一登记。

（4）救援

1）组成救援小组，携带救生器材迅速进入危险区域。

2）采取正确的救助方式，将所有遇险人员转移至安全区域。

3）对救出人员进行登记和标志。

4）将需要救治人员交送医疗急救部门。

（5）控毒

1）对毒源采取吸附、中和、密封、转移等方法，予以全面控制。

2）将泄漏的气体、液体倒至中和溶液中，进行无公害处理。

（6）洗消

1）在危险区与安全区的交界处设立洗消站，洗消的对象：

①轻度中毒的人员。

②在送医院治疗之前的重度中毒人员。

③现场医务人员。

④消防和其他抢险人员以及群众互救人员。

⑤抢救及染毒器具。

⑥采用喷雾水、蒸气、惰性气体清扫现场（包括设备及低洼处、沟渠等处），对受毒物品及器材进行清洗、消毒，确保不留残液（气）。

⑦洗消污水的排放必须经过环保部门的检测，以防造成次生灾害。

2）其他注意事项

①参加抢险救援的人员必须高度重视、充分认识化学毒气灾害事故的危险性，要注意自身安全，防止中毒造成人员伤亡。

②人员撤离有毒区域时，要分辨毒气流向，应逆着毒气走。

③当有毒气扩散时，除了加强作战人员的防护外，还应通知有关部门，组织好毒气扩散范围内居民、群众的疏散及救助工作。

④所有参加处理的人员应到医院进行专项体检。

3.3.6 车站火灾事件处置案例

案例：韩国大邱地铁纵火案（见图3—11）

图3—11 韩国大邱地铁纵火案事件现场

2003年2月18日上午9时55分左右，韩国东部著名的纺织服装城市大邱市，第1079号地铁列车刚在市中心的中央路车站停住，第三节车厢里一名56岁的男子就从黑色的手提包里取出一个装满易燃物的绿色塑料罐，并拿出打火机试图点燃。车内的几名乘客立即上前阻止，但这名男子却摆脱阻拦，把塑料罐内的易燃物洒到座椅上，并点燃塑料罐抛到座椅上。顿时，整节车厢燃起了大火，并冒出浓烟。3号车厢起火后，火势转眼之间就燃烧到整列六节车厢。更不幸的是，对面的列车也驶进了车站，火势又迅速蔓延到那列列车的六节车厢。两列列车起火燃烧了起来，车站的电力系统立刻自动断电，站内一片漆黑，600多名乘客立即陷入极度恐慌。四周火势凶猛，浓烟弥漫，万分震惊的乘客争相逃离这一人间地狱。然而，由于电源突然中断，许多地铁车厢门根本打不开，加上地铁车窗的玻璃十分坚固，所以不少乘客被困在没有自动灭火装置的车厢里，最终被活活烧死或因浓烟窒息而死。几分钟之内，浓浓的黑烟从地铁的各个通风口滚滚而出直冲蓝天，不明就里的行人和司机被满街的浓烟惊得目瞪口呆，加上交警立即封锁了主要交通干道，为火速赶来的消防车和救护车辟出专用车道，以致整个大邱市的交通陷入了一片混乱之中。事故发生后，大邱市派出3 000多人和66辆消防车、数辆救护车进行扑救，但由于地铁车站现场被浓烟和高温笼罩，抢救工作遇到了极大困难。经过三个多小时的奋战，人们才控制住了地铁隧道内的火势，抢救出来140多名乘客，并紧急送到附近各大医院。当地电视台播放的画面显示，滚滚黑烟不断从起火的中央路地铁站冒出，烟雾飘散到大街上，并迅速在市中心弥漫开来。佩戴呼吸器、身穿橙色消防服的消防人员用担架往外运送伤员，浓重的黑烟使他们步履蹒跚。抢救中消防队员们抬出来31具尸体，但在灭火后救援人员又在车厢里发现了近百具尸体，有的遇害者烧得只剩下骨架了，现场惨不忍睹。这次火灾是历史上最大的恶性地铁纵火案。

经事后调查，造成此次惨剧的原因主要有以下几个方面：

首先是设备方面的隐患，车站和车厢内安全装置不足。韩国的地铁车站内虽然安装了火灾自动报警设备、自动淋水灭火装置、除烟设备和紧急照明灯，但是这些安全装置在对付严重火灾时仍明显不足，尤其是自动淋水灭火装置。由于车厢上方是高压线，为了防止触电，车厢内均没有安装这种装置。因此，此次大邱市地铁发生大火时，不可能尽早扑救。车站断电后，四周一片漆黑，紧急照明灯和出口引导灯均没有闪亮。此外，车站内的通风设备容量不大，只能保障平时的空气流通，难以排除大量的浓烟。车厢内的座椅、地板等虽然采用耐燃材料，一旦燃烧起来仍会散发出大量有毒成分。韩国媒介报道说，火灾的死亡者中有许多是在跑出车厢后找不到出口而被含有有毒成

分的浓烟窒息而死的。

其次是法律还不健全。韩国专家们特别指出，韩国现行的《消防法》只注重固定的建筑和设备，而飞机、船舶、火车等移动的大众交通工具在《消防法》中是个死角。韩国媒体报道说，大邱市地铁1997年开通时采用的有关防火安全的标准，还是20世纪70年代韩国首次开通地铁时的标准，已经不适合当前的情况。

再次是安全教育流于形式。韩国每年都进行“民防训练”，学习在紧急情况下逃生和保障安全的知识。韩国媒体和专家指出，这些民防训练“大多流于形式”，人们在慌乱时全然不知使用现有的灭火器材进行灭火。

除了上述原因外，韩国专家们还认为，地铁公司平时的麻痹大意、安全意识不强、安全保卫人员不足以及通信联络不完备等，也是造成此次地铁火灾大批人员伤亡的重要因素。特别是当时车站的中央控制室管理不力，没有及时阻止另一列列车进入已经失火的车站，进一步造成了伤亡人员增加。

技能要求

火灾事故应急处置

背景资料（见图3—12）：

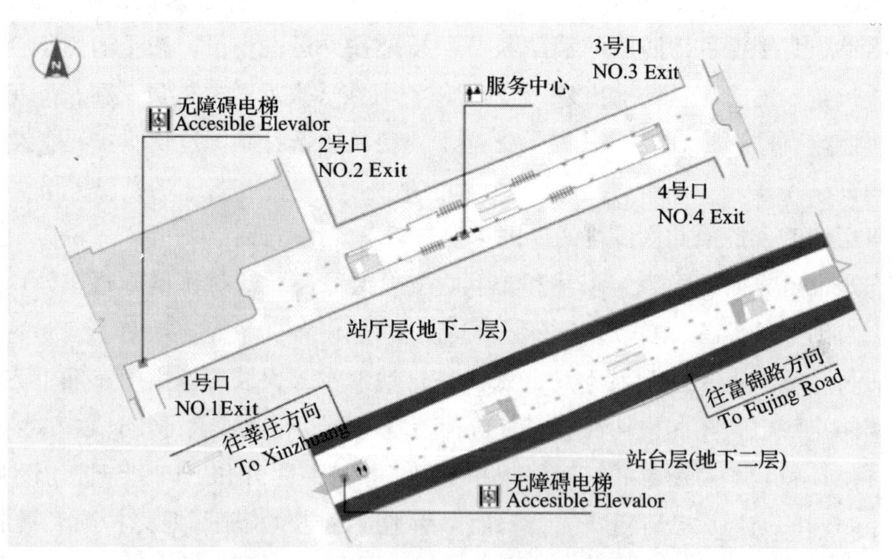

图3—12　火灾事故应急处置车站

某日一地下车站站务员在接发列车时发现下行8号屏蔽门顶端盖板瞬间冒火星，他立即赶到现场查看，两分钟后下行8号屏蔽门顶端盖板再次瞬间冒火星。

操作准备：

1．场地应选择有站台及屏蔽门系统的车站、实训车站

2．现场配备对讲机、信号灯、警戒绳、安全护栏等应急处置工具

操作步骤：

1．依据给出的信息，实施站台站务员应急处置工作

（1）报警（通过对讲机或按压火灾报警装置）。

（2）如列车即将到站，找到紧急停车按钮并按压。

（3）如初期火苗，找到灭火器进行初期扑救。

（4）按照值班员命令，操作屏蔽门。

2．依据给出的信息，实施其他站务员的应急处置内容及要点

（1）协助灭火，隔离事发区域，防止乘客靠近火源发生意外。

（2）火势扩大，按照站长命令保护票款，停止售票，做好退票准备。

（3）维持秩序、客流组织，按照命令紧急疏散；

（4）寻找目击证人。

（5）按命令关闭电梯、卷帘门等设备。

（6）引导警察、消防人员、医护人员进入，配合工作。

3．合理实施站务员岗位火灾应急预案，确定基本处置内容、客流疏散组织方案

（1）上行站务员上报、初期扑救、设备操作。

（2）下行站务员协助扑救、隔离事发区域、疏散客流，引导至站厅。

（3）服务中心保护票款、按照命令准备退票或打开专用通道紧急疏散客流。

（4）如命令紧急疏散，服务中心站务员在北侧楼梯处，两位休息室站务员负责另两部扶梯处，引导乘客离开站区，往广播所指出入口疏散出站，可要求保安、保洁等协助疏散引导（值班员广播疏散，建议疏散至1号、2号口，3号、4号口通往建筑内）。

（5）如有外部救护人员进站，站厅疏散人员至出入口引导。

3.4 服务质量监测和提升

知识要求

3.4.1 品牌建设的简述

服务品牌是指在经济活动中，企业通过商品或劳务的服务过程来满足消费者的心理需求的一种特殊的品牌形式。其外在表现为企业服务体系的个体化名称、标志或符号，内在表现为消费者对服务有形部分的感知和服务过程的体验的总和，如图 3—13 所示。

图 3—13 服务品牌的外在表现形式

1. 品牌服务的内涵

轨道交通企业的服务品牌，其内涵表现为：安全可靠、高效便捷、功能完善、文明舒适等。

（1）安全可靠。地铁系统始终在安全可控制状态下运行，向乘客提供安全可靠的运输服务；列车严格按计划时刻表运行，乘客出行延误被减少到最小。

（2）高效便捷。发车频次密集，列车开行快速，运能安排科学，乘客出行效率得到提高；布局站点合理，乘客在线路之间换乘方便快速；通过管理创新、技术创新、服务创新，提升上海地铁的综合效能。

（3）功能完善。以乘客需求为导向，提供完善的票务设施、导向设施、通风空调、站车广播、乘客信息服务系统、无障碍设施等客运服务设施。

（4）文明舒适。站台、车内环境卫生整洁，温度适宜，广告商业设施设置合理有序，服务人员形象亲和、态度诚信、服务规范。乘客乘车秩序井然，文明谦让，地铁氛围和谐舒适。

2．服务品牌建设的总体目标

轨道交通品牌建设应着力全网络资源的有效整合，统筹实施、阶段推进，不断提高乘客满意度，实现“安全可靠、高效便捷、功能完善、文明舒适”的品牌内涵，实现网络运营管理“三个提升”：

（1）提升网络运营安全水平。避免或减少因各种原因造成的乘客伤亡，确保列车运行安全；严格控制列车按计划时刻表运行。如上海地铁向社会承诺：列车运行正点率达到99%以上，5分钟晚点事件的发生频次小于1次/40万车公里。

（2）提升网络服务管理效能。采取服务措施，在网络化的运营环境下提升客运组织水平、服务水平与信息告知水平。如上海地铁采取了首问责任制执行率100%，服务人员标准化作业执行率100%；客运服务设施设备可靠率达到97%以上等服务措施。

（3）提升文明出行环境能级。营造卫生整洁、温度适宜的站台与车内环境，广告商业设施设置合理有序；服务人员形象亲和、态度诚信、服务规范，使用文明用语。正确引导乘客文明乘车，创建秩序井然、文明谦让、和谐舒适的乘车氛围。

3．站务员的基本岗位要求

站务员岗位主要包括服务中心岗与站台监护岗。部分车站还有售票岗与检验票岗等。这些站务员岗位基本要求为：

（1）岗位形象。服务人员形象端庄、赏心悦目，往往能给人以舒畅的感受，营造出良好的服务环境，因此要贯彻“洁净、卫生、自然”的三原则。

头发修饰的标准：洁净整齐、长短适中、发型得体、美观大方。不要当众梳理头发、不直接用手梳理、不乱扔落下的头发，如图3—14所示。

女性站务员化妆应自然大方，不可过浓，以淡妆为宜；男性站务员应净面，不可留胡子。

上班时间应按规定统一穿着制服、工作鞋，佩戴服务标志（包括领带、领花、工号牌、头饰等）；在车厢或车站范围内，即使不当班，穿着制服时也应按规定穿戴整齐。

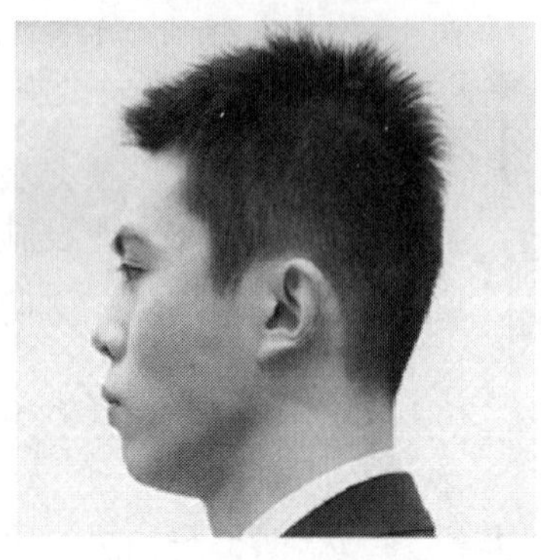

图 3—14　站务员发型标准

除此以外，在站务员佩戴饰品方面也应有相应规定，如图 3—15 所示。

（2）岗位规范

1）站务员要严格执行公司各项规章制度，上班时间应遵章守纪，认真负责，坚守岗位，履行岗位职责，遵守职业道德。

2）站务员要执行首问责任制，严禁对乘客说“我不知道”或“我没有办法”等推诿的话语。

图 3—15　站务员工号牌佩戴标准

3）根据岗位要求，站务员要熟悉计算机的基本操作，具备处理一般人际关系的能力。

4）站务员要全面负责本岗位内设施、设备及环境的清洁卫生工作，做到随脏随扫。

5）站务员应提前十五分钟到岗，严格执行交接班制度，交清本工作范围内的设备、卫生及各类相关事项，如图 3—16 所示。

6）站务员上班时间应时刻保持警惕，确保票卡、票款及乘客的安全。

7）站务员班前四小时内严禁饮酒。

8）站务员严禁在岗位上使用手机（除工作应急外）、MP3 等；严禁岗上聊天、看报及吃零食、点心、饮料等；不做与工作无关的事。

9）穿着工作服的工作人员，在乘坐轨道交通时，不得坐乘客座椅。

10）站务员要坚守岗位，不得擅离职守。

图3—16　车站班前点名会

（3）应急处置。站务员要发生紧急情况下，按照既有的应急处置预案执行相关操作规定。

4．站务员（三级）需具备的素质

站务员三级作为站务员这一职业工种中较高的技术等级，比起五级、四级站务员，除了基本的客运、票务处理能力与设施设备操作能力外，应能进一步提高突发事件的处置能力、增强对客运服务的管理能力以及客运组织工作水平。因此，三级站务员还需具备以下素质：

（1）严格执行岗位要求。站务员是轨道交通的形象代言人，乘客对轨道交通的第一感受来源于每个站务员。从上岗那一刻起，站务员就应该建立良好的职业形象。因此，站务员上岗首先必须掌握岗位基本要求。

而作为层次较高的三级站务员，则必须做到在岗时严格执行岗位要求。根据站务员礼仪规范的要求，在岗位上着工作服时应注意上下装搭配及饰品佩戴的各种细节，面对乘客保持微笑，开口说文明用语，履行岗位职责。

（2）结合现状分析问题。对三级站务员的要求不仅仅是简单的命令执行，而是要能够结合运营服务中的现状，分析问题进而解决问题。这就要求三级站务员不能如刚刚上岗的站务员一般，只会依样画葫芦式的工作，而是对自己、班组和车站的工作情况有预判、有分析、有处置。在面对形形色色的乘客时，处理各式各样的服务突发情况时，能结合现状进行分析，并在遵守规章制度的前提下，有针对性地调整服务策略，妥善地处理问题，做到既维护企业利益，也维护乘客利益。

（3）创新服务理念。作为三级站务员，在贯彻标准化作业，做好规范服务的基础上，应对不同乘客群体的需求特征进行分析，应用创新思维，提炼形成能够触动某一细分乘客群体的个性化服务举措、服务品牌。如图 3—17 所示为由上海地铁站务员创建的“小茜童乐园”服务品牌。

图 3—17　创新服务理念

3.4.2　服务质量监测总体介绍

轨道交通服务质量监测是一个完整的体系，应该包括两个方面，一个是外部的，从乘客的维度来评判服务执行的效果；一个是内部的，从管理的维度对服务执行的效率和效果进行评判，及时发现问题、分析问题和解决问题，不断提升服务质量。两者处于一个体系的两个方面，是一个整体，是互相印证、互相促进的。

服务质量监测与满意度测评相比，前者是常态进行的，后者是定期开展的；前者的实施对象是特定对象，后者则是不特定的乘客。

1．监测范围

轨道交通服务质量监控范围应覆盖轨道交通所在城市全路网，包括所有线路、所有车站、所有列车。

2．监测内容

轨道交通服务质量监控内容包括站点环境、列车运行、服务人员、设施设备等各方面服务，如图 3—18 所示。

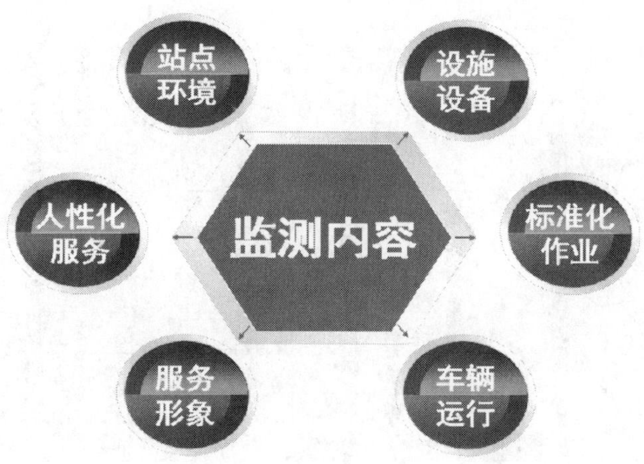

图 3—18　监测内容

3. 监测结果

服务质量监测的结果是一组组量化的数据，是进行服务质量分析、找出服务短板、提高服务水平的前提。

3.4.3　服务质量监测结果及分析

1. 各项指标得分

从服务质量监测的各项指标，可以进行线路与线路之间、车站与车站之间的比较。全网络车站得分情况如图 3—19 所示，可很直观地看出各车站总体得分情况。全网络各项指标得分情况如图 3—20 所示，可看出各个大项的服务质量总体情况。

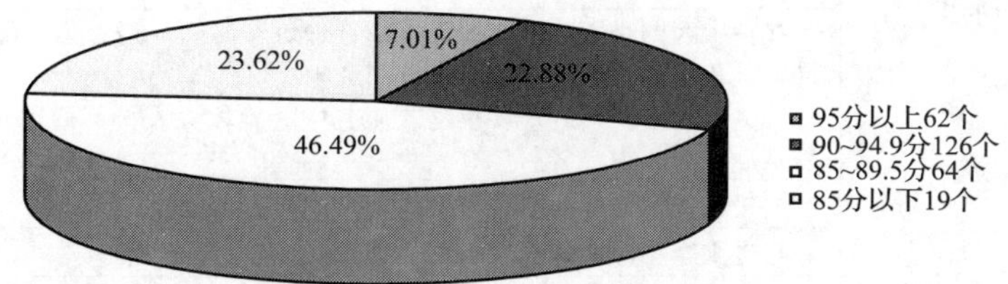

图 3—19　全网络车站得分情况

2. 监测结果分析

通过对监测结果进行分析，可以发现服务短板，从而有针对性地提出相应的服务举措，改进服务水平。为某轨道交通企业对车站站务员标准化作业情况进行的监测得分情况见表 3—4，显而易见“处理票卡”这方面指标得分较高，可见站务员这方面作业已相对规范，而“大面额唱票服务”这一项，为所有标准化具体指标中的最短板，因此企业在这方面进行针对性较强的督促，从而提高整体服务水平。

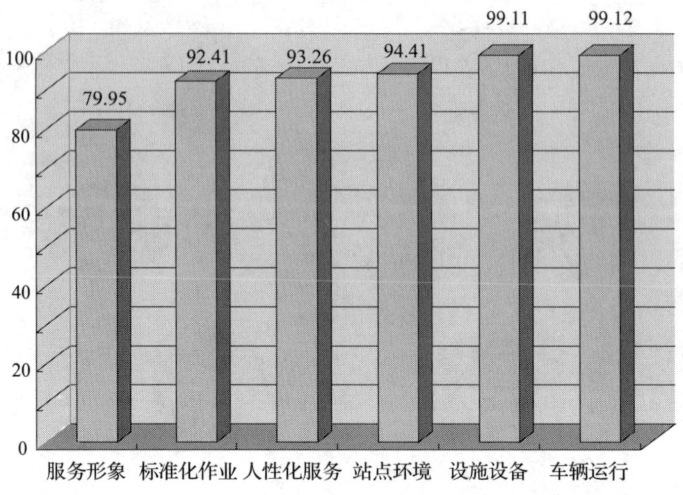

图 3—20　全网络各项指标得分情况

表 3—4　标准化作业监测得分

大类指标	分类指标	监测指标内容	得分
标准化作业	首问责任制	接受乘客问询时执行首问责任制	99.47
		接待乘客咨询要表现服务的主动性，热情，认真有耐心	98.02
	客服中心	严格执行 50 元以上大面额钞票“唱票”服务	54.81
		找零须一次完成，且待客户离开后再清理桌面钞票	97.87
		出售交通卡时需说明押金金额：充值时需两次提示乘客确认加值并提供发票	82.46
		准确处理无法进出站的票卡	100.00
		按规定处理废卡	100.00
		交接班应在一次服务作业完成后进行	99.75
		接待乘客的小额兑币。知晓本站首末班车时间。遇乘客按压“求助铃”应及时回应备足票卡和备用金	99.28
		私人款、卡严禁进入售票亭或服务中心。无关人员不得进入人工售票厅或服务中心	99.18
		严格按规定管理专用通道	99.12
		指导乘客正确使用有效车票进出站，及时疏导拥堵	100.00
		违反《上海市轨道交通管理条例》相关规定的乘客应及时予以制止	100.00
	站务员	站务员做好站台巡视工作，注意乘客候车动态：积极疏导宣传，维护车站正常的候车秩序，确保站台与乘客安全	98.8
		站务员需按规定站立	92.74
		站务员按规定使用绿色信号旗	96.66
		接发列车时需执行标准化作业程	91.00
		早晚高峰时站台服务员至少一次需对乘客进行安全告知	88.62
		站务员规范使用信号旗	90.07
	保洁员	清扫工作规范	100.00
		清扫车按规定停放	99.62

3.4.4 提升服务质量的服务举措

轨道交通运营单位提升服务质量的举措，常见的包括：车站限流、设施设备完善、人员布岗、站车环境改善、安全运营等，这些都属于提升服务质量的举措。通过一些服务案例，我们可以看到轨道交通运营单位如何通过服务举措来提升服务质量。

1．服务案例分析

（1）车站限流案例。上海地铁 3 号线长江南路等车站在上线列车及备用列车已全运力投放、满负荷运行的情况下，满载率仍居高不下。为确保运营安全和运营质量，遂采取早高峰常态限流的措施。

具体表现：出入口限流。利用分离栏杆实现进出分流，并在出入口外设置限流护栏，减缓进站速度，如图 3—21 所示。

图 3—21　出入口限流

闸机限流。关闭部分自动售票机和闸机、设置站内限流栏杆等，减缓进站速度，如图 3—22 所示。

最终达到缓解站台客流，确保运营安全的目的，如图 3—23 所示。

（2）美化站车环境案例。轨道交通区域内全程禁烟。不少乘客进站时嘴里叼着烟，进站时将烟头匆忙一扔，有时扔在地上，很不文明；有时未完全熄灭的烟头被扔进垃圾桶，甚至可能冒烟起火，造成安全隐患。一些车站因此设计了金属制的专用“烟蒂

图 3—22　闸机限流

图 3—23　缓解后的站台人流

投放箱”，如图 3—24 所示，悬挂于车站出入口醒目处。既方便了乘客丢弃烟头，起到提醒作用，也避免了与其他垃圾混放会引起的安全隐患。

图 3—24　烟蒂投放箱

2．站务员的价值体现

城市轨道交通服务人员在运营生产第一线，直接与乘客打交道，他们服务意识的水准将直接影响各自的服务态度、工作热情和责任心。为此，城市轨道交通服务人员必须牢固树立“全心全意为乘客服务”、“乘客第一”、“乘客是贵宾”等尊重乘客的意识，才能端正服务态度，保持高涨的职业热情，树立强烈的使命感，为乘客提供良好的服务。

站务员的价值，对个人而言是办事能力。城轨站务员用文明礼貌的言行、举止和以理服人、得理让人的态度去对待乘客，从而提升个人的修养和待人接物的处事能力。

站务员的价值，对班组而言是战斗力。城市轨道交通是一个由车到线、由线成网，协作关系甚为密切的整体。要保证运营服务生产各环节的正常联系，保证线网结构整体运送能力的有效发挥，必须依靠规章制度、纪律和运营生产人员全局观念的约束。

站务员的价值，对企业而言是服务能力。站务员在运营生产第一线，直接与乘客打交道，他们服务意识、服务态度、工作热情将直接影响到乘客对运营企业的评价。为此，站务员必须端正服务态度，保持高涨的职业热情，树立强烈的使命感，为乘客提供良好的服务。

技能要求

服务突发情况应急处置

背景资料：

某日，暴雨天气，某地下车站C站，站厅多处漏水，其中一个出入口及进站闸机处漏水情况较严重，此时，一名乘客自称是某报社人员，要求拍摄并采访。

操作准备：

1. 场地应选择有站台及屏蔽门系统的车站、实训车站
2. 现场配备对讲机、信号灯、警戒绳、安全护栏等应急处置工具

操作步骤：

1. 按规定传递信息

（1）通过对讲机，及时发现及时上报值班站长。

（2）上报时说明漏水点具体位置。

（3）上报时说明漏水程度及对附近设备、环境的影响程度。

2. 采取有效措施，对漏水点进行初步处理

（1）寻找保洁员，对地面积水进行清理。

（2）使用水桶等容器，放置于漏水点下方，避免水继续流至地面。

（3）摆放防滑警示标志，提醒乘客注意。

3. 有效措施，疏导乘客，避免乘客淋雨、滑倒摔伤

（1）铺设防滑毯等防滑用品。

（2）如漏水严重，或漏水点在乘客必经区域，安排工作人员在现场疏导。

（3）广播宣传，提醒乘客注意地面湿滑。

4．采取有效措施保护设备设施，避免淋水故障

（1）关闭漏水点下方闸机。

（2）用塑料纸等防水用品将闸机包起，或在闸机上方放置接水容器。

5．按规定正确应对乘客及媒体

（1）及时劝阻记者的拍摄采访，并告知我方正在积极快速处理中。

（2）及时向站长报告，让站长接待记者。

（3）不在记者、乘客面前抱怨，请记者通过公司的途径获得采访许可。

本章复习题

一、判断题（将判断结果填入括号中。正确的填“√”，错误的填“×”）

1．预防工作是事故应急救援的基础。（ ）

2．轨道交通常见道床伤亡事件是指被在轨道上行驶的列车撞、碾，人员受伤或死亡，事件现场清晰、因果关系明确，快速处置后能够及时恢复轨道交通正常运营的伤亡事件。（ ）

3．大客流是指车站在某一时段集中到达的，但客流量未超过车站正常客运设施所能承担的流量时的客流。（ ）

4．大客流的组织应在保证疏散客流安全的前提下，尽快地疏散客流。（ ）

5．在大客流组织中，临时合理的疏导，对客流数量进行限制是一项很重要的组织措施。（ ）

6．大客流组织的主要措施包括：减少列车运能；减少售、检票能力；采取临时疏导措施；关闭出入口或进行进出分流。（ ）

7．售、检票能力是大客流疏散的主要障碍。（ ）

8．服务监督及评价应建立外部服务质量监督检查制度，加强外部的检查、监督、整改及考核。（ ）

9．乘客投诉评价指标包括有责乘客投诉率和乘客投诉回复率。（ ）

10．乘客评价可用乘客满意度来表现乘客对地铁服务的客观评价。（ ）

二、单项选择题（选择一个正确的答案，将相应的字母填入题内的括号中）

1．事故应急救援原则的前提是（ ）。

A. 预防为主　　B. 统一指挥　　C. 分级负责　　D. 减少损失

2.（　　）是指在某一时间或空间内失去控制的燃烧所造成的灾害。

A. 明火　　B. 爆炸　　C. 火灾　　D. 停电

3. 在轨道交通运营中由于各种原因导致车站某一单位时间的客流大于列车运能，并有继续增加的趋势，该现象称为（　　）。

A. 增加客流　　B. 突发客流　　C. 大客流　　D. 不明客流

4. 车站停电指车站由于各种原因正常照明失去，自然照明不能满足车站正常运营的需要，应急照明能维持（　　）min 以上，并影响部分或全部车站设备的情况。

A. 15　　B. 20　　C. 30　　D. 60

5. 车站大客流一般在（　　）期间发生。

A. 早晚高峰　　B. 天气变化

C. 季节变化　　D. 大型文体活动散场

6.（　　）不是车站大客流组织时的临时疏导措施。

A. 临时导向　　B. 警戒绳　　C. 盲人导向线　　D. 人工引导

7.（　　）不属于处置车站失电时需要的应急备品。

A. 电喇叭　　B. 安全绳　　C. 手电筒　　D. 应急灯

8.（　　）不属于车站发生失电事故时的报告内容。

A. 失电时间、地点　　B. 报告人职务、姓名

C. 列车车次、列车号　　D. 影响情况

9. 服务承诺与监督应通过（　　）途径向社会和乘客公布服务承诺。

A. 车站广播　　B. 车站公告和媒体宣传

C. 车站广播和媒体宣传　　D. 媒体宣传

10. 服务监督及评价应建立内部服务质量监督检查制度，加强内部的（　　）。

A. 检查及监督　　B. 整改及监督

C. 整改及考核　　D. 检查、监督、整改及考核

三、思考题（请把正确答案写在空白处）

1. 三级大客流响应由谁启动？三级大客流响应情况下车站应做好哪些组织工作？

2. 如道床伤亡发生在地下车站区间隧道内，车站站务员应配合值班站长做好哪些工作？

3. 车站发生爆炸事件时，站务员需做好哪些信息传递？

4. 进行服务质量监控，对轨道交通运营企业的意义有哪些？

本章复习题参考答案

一、判断题

1. √　2. ×　3. ×　4. √　5. ×　6. ×　7. √
8. ×　9. √　10. ×

二、单项选择题

1. A　2. C　3. C　4. C　5. D　6. C　7. B
8. C　9. B　10. D

三、思考题

略。

操作技能考核模拟试卷

注 意 事 项

1. 考生根据操作技能考核通知单中所列的试题做好考核准备。

2. 请考生仔细阅读试题单中具体考核内容和要求，并按要求完成操作或进行笔答或口答，若有笔答请考生在答题卷上完成。

3. 操作技能考核时要遵守考场纪律，服从考场管理人员指挥，以保证考核安全顺利进行。

注：操作技能鉴定试题评分表及答案是考评员对考生考核过程及考核结果的评分记录表，也是评分依据。

国家职业资格鉴定
城轨站务员（三级）操作技能考核通知单

姓名：

准考证号：

考核日期：

试题 1

试题代码：1.1.1。

试题名称：客运组织方案 1。

考核时间：15 min。

配分：20 分。

试题 2

试题代码：1.2.1。

试题名称：车站客运服务 1。

考核时间：10 min。

配分：20 分。

试题 3

试题代码：1.3.1。

试题名称：故障 BOM 排故作业。

考核时间：10 min。

配分：15 分。

试题 4

试题代码：1.4.1。

试题名称：车站 FAS 系统的操作和故障处理 1。

考核时间：10 min。

配分：15 分。

试题 5

试题代码：1.5.1。

试题名称：自动扶梯操作及应急处置。

考核时间：10 min。

配分：15 分。

试题 6

试题代码：1.6.1。

试题名称：车站屏蔽门系统单扇故障（打不开）的处置。

考核时间：10 min。

配分：15 分。

试题 7

试题代码：2.1.1。

试题名称：大客流预案 1。

考核时间：10 min。

配分：30 分。

试题 8

试题代码：2.2.1。

试题名称：道床伤亡处置 1。

考核时间：10 min。

配分：20 分。

试题 9

试题代码：2.3.1。

试题名称：火灾、爆炸、投毒岗位预案 1。

考核时间：10 min。

配分：20 分。

试题 10

试题代码：2.4.1。

试题名称：服务突发情况应急处理 1。

考核时间：10 min。

配分：30 分。

城轨站务员（三级）操作技能鉴定试题单

试题代码：1.1.1。

试题名称：客运组织方案1。

考核时间：15 min

1. 背景资料

你所在的车站毗邻上海新国际展览中心。展览中心下月19日至28日将举办一场大型国际汽车展，预计最大日观展客流将达到8万人以上，其中约50%将选择轨道交通出行。你所在的车站是展览中心周围1 000米范围内唯一的轨道交通车站，预计将对车站产生很大的冲击，需要及早做好客运组织方案设计。

“国际汽车展”日程安排见表1。如图1所示为车站站厅层布置图，车站内所有闸机均为双向闸机。

表1　　“国际汽车展”日程安排

日期（星期）	观展时间	观众类型
7月19—20日（周三、四）	09：00—18：00	记者、贵宾
7月20日（周三）	18：00—21：30	特邀贵宾
7月21—22日（周四、五）	09：00—18：00	专业观众
7月23—24日（周六、日）	09：00—19：00	专业观众、普通观众
7月25日—27日（周一、二、三）	09：00—18：00	专业观众、普通观众
7月28日（周四）	09：00—15：00	专业观众、普通观众

2. 试题要求

（1）依据表1给出的信息，请依据客流预测的方法，指出车展期间车站日客流的发展变化趋势，并简述理由。

（2）根据观展客流的常规出行特征，请简要阐述车站在车展期间，日进出站客流的特征。

（3）预计车展期间客流组织的瓶颈是车站的进出站能力，请在试题2的基础上，就如何提高车站不同时段进出站能力提出基本的解决方案。

N
5号口
TVM
TVM
TVM
TVM
CVM
出站机
进站机
服务中心
手提式验卡机
出站机
4号口
2号口 芳甸路
3号口 芳甸路
4号口 梅花路
5号口 芳甸路
花木路
无障碍电梯
出站机
出站机
手提式验卡机
进站机
服务中心
备注
一米线
售票亭
零时增加
售票点
TVM
TVM
TVM
TVM
3号口
2号口
无障碍电梯

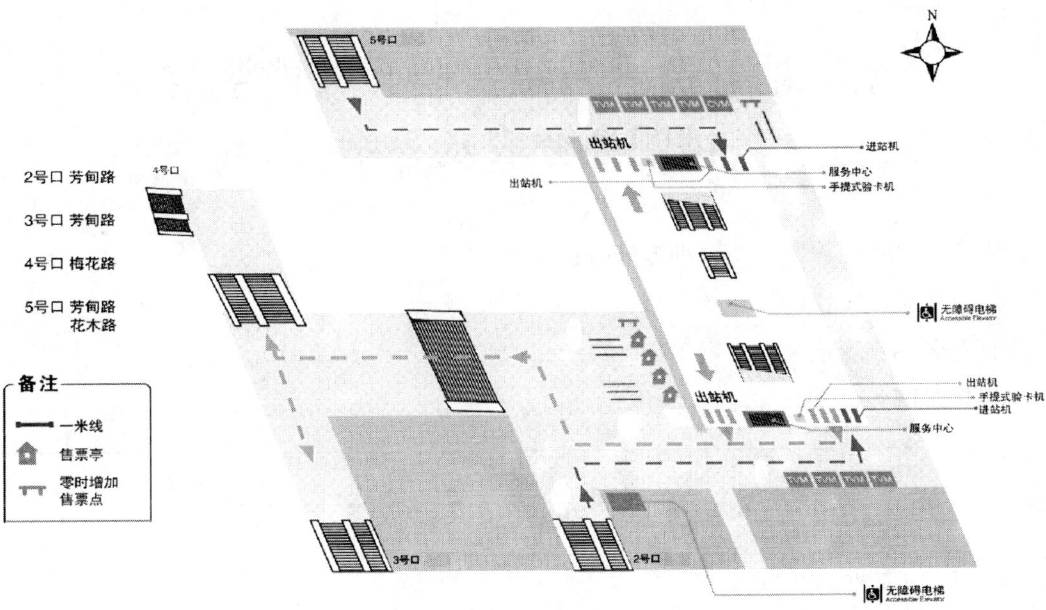

图 1　车站站厅层布置图

城轨站务员（三级）操作技能鉴定试题评分表及答案

考生姓名： 准考证号：

试题代码：1.1.1。

试题名称：客运组织方案1。

考核时间：15 min。

评价要素		配分	得分
1	判断客流变化趋势	5	
2	分析不同时段客流特征	5	
3	解决方案	10	
合计		20	

考评员（签名）：

参考答案：

1. 依据表给出的信息，请根据客流预测的方法，请指出车展期间车站日客流的发展变化趋势，并简述理由。

（1）预计车站客流最大日发生在7月23日—24日（周六、日），进出站客流将达到8万人次左右。

（2）7月25日—27日（周一、二、三）与平日相比也比较大，其余日期的客流则比较小。

（3）客流最大日发生在双休日，且观众的构成以普通观众为主，人数众多。其他日期的客流变化也受这两个主要因素影响，也受天气、周边商业活动等其他因素影响。

评分标准：(5分)

能指出客流最大日。(1分)

能指出客流最大日的最大客流。(1分)

能指出其他日期的大致客流情况。(1分)

说明理由充分，兼顾日期及观众构成这两个主要因素，也能谈到一些其他因素。(2分)

说明理由不充分，只涉及一个主要因素或部分次要因素。(1分)

说明理由有明显错误。(0分)

2. 根据观展客流的常规出行特征，请简要阐述车站在车展期间，日进出站客流的特征。

(1) 早高峰时段，车站观展客流以出站为主。

(2) 晚高峰时段，车站观展客流以进站为主。

(3) 早晚高峰客流相比，晚高峰进站客流更为集中。

评分标准：(5分)

能分析早高峰客流特征（1分）

能分析晚高峰客流特征（1分）

能将早晚高峰客流情况做对比分析（3分）

3. 预计车展期间客流组织的瓶颈是车站的进出站能力，请在试题2的基础上，就如何提高车站不同时段进出站能力提出基本的解决方案。

早高峰时段，调整为以出站闸机为主。

晚高峰时段，调整为以进站闸机为主。

当进出站能力仍不能满足时，可适当增加手提式验卡机。

安排人员至闸机处，帮助乘客快速出站。

安排维修人员及时巡视，确保闸机通过能力。

适当调整自动扶梯等设备开行方向，疏散客流。

晚高峰时段，尽量提高安检速度。

评分标准：(10分)

能提出早高峰的基本解决方案。(5分)

方案基本符合客流组织规律，能提出两点及以上提高车站通过能力的措施。（4分）

方案基本符合客流组织规律，能提出至少一点提高车站通过能力的措施。(3分)

方案有根本性错误。(0分)

能提出晚高峰的基本解决方案。(5分)

方案基本符合客流组织规律，能提出两点及以上提高车站通过能力的措施。

（4 分）

方案基本符合客流组织规律，能提出至少一点提高车站通过能力的措施。（3 分）

方案有根本性错误。（0 分）

城轨站务员（三级）操作技能鉴定
试题单

试题代码：1.2.1。

试题名称：车站客运服务1。

考核时间：10 min。

1. 背景资料

假设你所在车站地处某民俗旅游景点附近，平日里老年乘客较多。另外周边十字路口有多个公交站点，十多条公交线路。

2. 试题要求

（1）请根据背景资料分析该站的客流特征。

（2）请从服务信息收集和注重老年乘客的服务两个角度入手，设计简要服务方案。

（3）能提出相应的便民用品配备要求。

城轨站务员（三级）操作技能鉴定
试题评分表及答案

考生姓名：　　　　　　准考证号：

试题代码：1.2.1。

试题名称：车站客运服务1。

考核时间：10 min。

评价要素		配分	得分
1	客流特征分析	5	
2	服务方案设计	10	
3	需要的服务用品	5	
合计配分		20	

考评员（签名）：

参考答案：

1．客流特征分析

（1）没有明显的上下班客流，早晚高峰不突出，一般双休日客流会比较大。

（2）游客和老年乘客自助能力较差，问询量较大。

（3）使用单程票的乘客所占比例大。

评分标准：（5分）

（1）能说出早晚高峰和节假日的客流特征（2分）

（2）能说出游客和老年乘客的特点（2分）

（3）能说出该站乘客使用票卡的特征（1分）

2．服务方案设计

（1）站务员需要收集的服务信息

周边公交站点及对应的公交线路、开行方向、首末班车时间等。

旅游景点的位置、景区内的游玩特色、门票价格、开放时间等。

了解上海其他特色景点的信息及游览路线（以轨交换乘为主），介绍给乘客。

（2）收集信息的主要渠道

自己走访。

利用网络。

各类旅游书籍、地图。

询问有经验的服务员。

（3）老年乘客的服务细节

耐心接待。

表现尊重。

语言表达要通俗易懂、语气和蔼。

多加提示，注意安全（乘梯、上下列车、上下楼梯）。

（4）服务措施

导向标志要清晰，要能清楚示意周边公交及旅游景点情况。

服务人员要熟悉周边信息情况。

车站自动售票机旁宜配备专门人员提供服务。

评分标准：（10 分）

信息收集（2 分）

能说明站务员需要收集的主要服务信息（1 分）

能说明站务员收集服务信息的主要途径（1 分）

老年乘客的服务细节（4 分）

能提出两点以上需要注意的服务细节（4 分）

能提出一到两点需要注意的服务细节（3 分）

未提出需要注意的服务细节（0 分）

服务措施（4 分）

能根据客流情况设计有效服务措施（4 分）

服务措施基本有效，有一到两点效果不显著（3 分）

服务措施只有一到两点有效，其余效果不显著（2 分）

服务措施明显不符合客流特征（0 分）

3．需要准备的便民物品

（1）轮椅（老年乘客较多）

（2）服务指南（游客较多）

（3）指路条（周边公交信息等）

（4）爱心伞、爱心糖果等

评分标准：（5 分）

列出两点以上所需的便民用品（5 分）

列出一到两点所需的便民用品（3 分）

未列出所需便民用品（0 分）

城轨站务员（三级）操作技能鉴定
试题单

试题代码：1.3.1。

试题名称：故障 BOM 排故作业。

考核时间：10 min。

1. 操作条件

一台正在运行中的 BOM。

2. 操作内容

根据提示，对 BOM 故障进行判断和处理。

3. 操作要求

（1）正确判断 BOM 故障。

（2）对故障进行正确的处理。

（3）操作安全规范，无违规操作、无违章操作。

城轨站务员（三级）操作技能鉴定试题评分表及答案

考生姓名：　　　　　　准考证号：

试题代码：1.3.1

试题名称：故障 BOM 排故作业

考核时间：10 min

<table>
<tr><th colspan="2" rowspan="2">评价要素</th><th rowspan="2">配分</th><th rowspan="2">等级</th><th rowspan="2">评分细则</th><th colspan="4">评定等级</th><th rowspan="2">得分</th></tr>
<tr><th>A</th><th>B</th><th>C</th><th>D</th></tr>
<tr><td rowspan="4">1</td><td rowspan="4">能在 SC 上查询故障原因，对故障 BOM 的故障进行判断和处理，按时完成对故障的分析判断（通讯中断）</td><td rowspan="4">5</td><td>A</td><td>正确故障查询</td><td rowspan="4"></td><td rowspan="4"></td><td rowspan="4"></td><td rowspan="4"></td><td rowspan="4"></td></tr>
<tr><td>B</td><td></td></tr>
<tr><td>C</td><td></td></tr>
<tr><td>D</td><td>未正确查询故障</td></tr>
<tr><td rowspan="4">2</td><td rowspan="4">找到 Ukey，并能正确插入，六个步骤正确完成 Ukey 的启动</td><td rowspan="4">5</td><td>A</td><td>规范步骤，成功激活</td><td rowspan="4"></td><td rowspan="4"></td><td rowspan="4"></td><td rowspan="4"></td><td rowspan="4"></td></tr>
<tr><td>B</td><td>完成四步以上规范步骤，但未成功激活</td></tr>
<tr><td>C</td><td></td></tr>
<tr><td>D</td><td>未成功激活，且规范完成的步骤在三步及以下</td></tr>
<tr><td rowspan="4">3</td><td rowspan="4">操作安全规范
（1）无违规操作
（2）无违章操作</td><td rowspan="4">5</td><td>A</td><td>两项全部做到</td><td rowspan="4"></td><td rowspan="4"></td><td rowspan="4"></td><td rowspan="4"></td><td rowspan="4"></td></tr>
<tr><td>B</td><td>做到其中一项</td></tr>
<tr><td>C</td><td></td></tr>
<tr><td>D</td><td>0 项</td></tr>
<tr><td colspan="2">合计配分</td><td>15</td><td colspan="6">合计得分</td><td></td></tr>
</table>

考评员（签名）：

等级	A（优）	B（良）	C（尚可）	D（差）
比值	1.0	0.8	0.6	0

“评价要素”得分＝配分×等级比值。

参考答案：

故障设置：SC 界面，设置单台 BOM 通讯故障。

一、在 SC 界面，用鼠标点击故障的 BOM，得知故障原因。

二、UKEY 安装：

把 U 盘插入车站操作工作站（SOC）打开 U 盘，双击 Install. bat 进行 UKEY 安装。安装好后，重新启动机器。

三、UKEY 启用操作流程：

第一步，把 UKEY 插入车站操作工作站电脑的（SOC）USB 口，系统会自动启动 UKEY 程序。弹出如下画面：

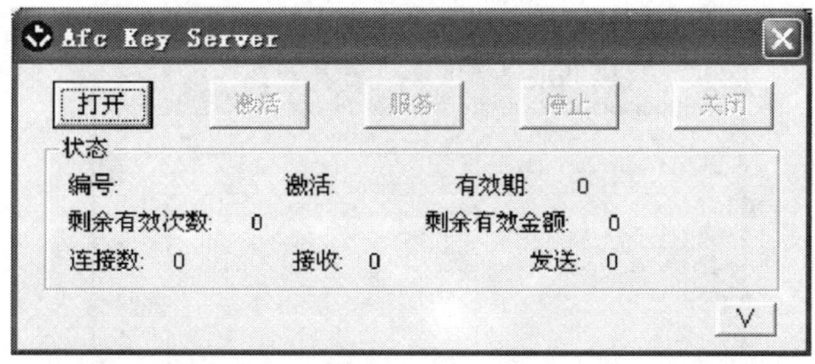

第二步，单击“打开”按钮，画面如下：

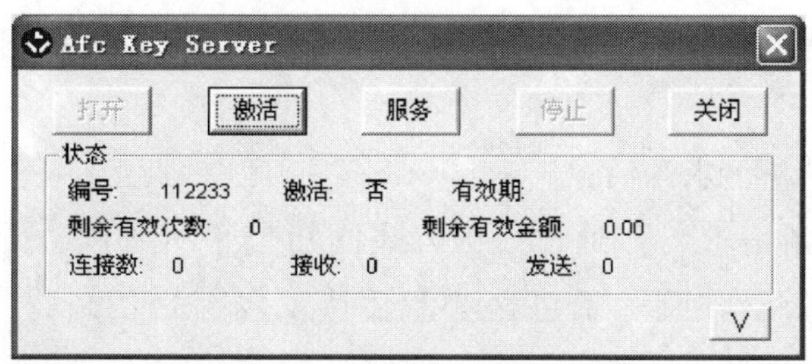

第三步，单击“激活”按钮，画面如下：

第四步，单击“激活请求”按钮，在激活请求码下出现一串数字。

第五步，通过电话或手机激活 UKEY，具体操作如下：

方式一　通过电话请求激活：

拨电话号码（电话号码暂定为 61975726），备份号码：61951510。拨通后根据语音提示，输入“激活请求码”并按#号结束，记录好电话提示的号码，并将号码输入到

AfcSvr Key Activation
激活请求码:
激活认证码:
激活请求　激活认证　取消

“激活认证码”框中，然后单击“激活认证”按钮。(如果认证码输入错误，系统将会有提示。)

方式二　通过手机请求激活：

把得到的“激活请求码”通过短信方式（短信手机号码暂定为 13761198843）发送到相应的号码，会收到一条包含“激活认证码”短信，将号码输入到“激活认证码”框中，然后单击“激活认证”按钮。(如果认证码输入错误，系统将会有提示。)

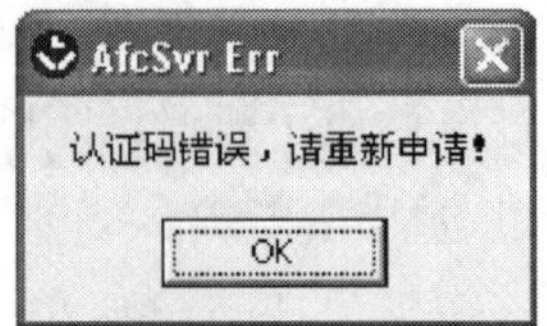

提示如左上图所示，说明输入数据有错误，请核对输入数据。

提示如右上图所示，说明输入的认证码失效，请重新激活请求并打电话或发送短信申请激活认证码，并在此输入。

第六步，单击“服务”按钮，成功启动UKEY。

城轨站务员（三级）操作技能鉴定试题单

试题代码：1.4.1。

试题名称：车站 FAS 系统的操作和故障处理 1。

考核时间：10 min。

1. 操作条件

车站某一位置发生火情。

2. 操作内容

使用就近消火栓进行应急处置及复位，并说明汇报要求。

3. 操作要求

（1）能掌握车站发生火情时站务员的信息汇报流程。

（2）能掌握车站消火栓的正确使用。

（3）能掌握消火栓使用后的设备复位工作。

城轨站务员（三级）操作技能鉴定
试题评分表及答案

考生姓名：　　　　　　　准考证号：

试题代码：1.4.1

试题名称：车站FAS系统的操作和故障处理1

考核时间：10 min

评价要素		配分	等级	评分细则	评定等级				得分
					A	B	C	D	
1	当车站某一位置发生火情，站务员在使用消火栓灭火前的汇报工作	3	A	要点回答符合规范					
			B	错一处					
			C	错两处					
			D	错三处或以上					
2	站务员使用就近位置消火栓进行灭火	6	A	要点回答符合规范					
			B	错一处					
			C	错两处					
			D	错三处或以上					
3	站务员使用消火栓系统进行灭火时的注意事项	3	A	要点回答符合规范					
			B	错一处					
			C	错两处					
			D	错三处或以上					
4	灭火作业完毕后站务员对消火栓设备进行复位操作	3	A	要点回答符合规范					
			B	错一处					
			C	错两处					
			D	错三处或以上					
合计配分		15	合计得分						

考评员（签名）：

等级	A（优）	B（良）	C（尚可）	D（差）
比值	1.0	0.8	0.6	0

“评价要素”得分=配分×等级比值。

参考答案：

1．当车站某一位置发生火情，站务员在使用消火栓灭火前的汇报工作

（1）站务员立即使用对讲机设备联系车站值班员，告知火灾发生情况。

（2）站务员立即使用对讲机设备联系当班站长，告知火情发生的具体位置、火势、可能造成的影响以及即将采取的措施（消火栓灭火）。

2．站务员使用就近位置消火栓进行灭火

（1）站务员赶往起火点就近处消火栓位置，打开消防箱，连接水带水枪。

（2）站务员打开消火栓阀门。

（3）站务员启动增压水泵开关。

（4）站务员持水枪对准着火点位置进行灭火操作。

3．站务员使用消火栓系统进行灭火时的注意事项

（1）在连接水带水枪前必须注意将卷起的水带拉直放平。

（2）水带与水枪连接时必须注意连接处顺时针拧紧。

（3）在使用水枪进行灭火作业时必须注意双手持枪。

（4）启动增压水泵后站务员必须握紧水枪，避免水压上升时水枪晃动造成人员伤亡。

4．灭火作业完毕后站务员对消火栓设备进行复位操作

（1）灭火完毕后首先必须停泵。

（2）关闭消火栓阀门。

（3）将水枪与水带分离擦拭干净。

（4）卷起水带放入消防箱。

城轨站务员（三级）操作技能鉴定
试题单

试题代码：1.5.1。

试题名称：自动扶梯操作及应急处置。

考核时间：10 min。

1. 操作条件

安装有自动扶梯的车站或者自动扶梯的实训基地，自动扶梯处于工作状态。

2. 操作内容

（1）自动扶梯梳齿板有异物倾入的原因分析。

（2）自动扶梯梳齿板有异物倾入的现场防护。

（3）自动扶梯梳齿板异物排除后的操作。

3. 操作要求

（1）掌握异物倾入梳齿板的原因。

（2）掌握自动扶梯故障后的现场防护。

（3）掌握自动扶梯的操作。

城轨站务员（三级）操作技能鉴定试题评分表及答案

考生姓名：　　　　　　　　准考证号：

试题代码：1.5.1。

试题名称：自动扶梯操作及应急处置。

考核时间　10 min。

	评价要素	配分	等级	评分细则	评定等级				得分
					A	B	C	D	
1	根据自动扶梯的故障现象判断故障原因	5	A	全部分析正确					
			B	分析出其中三项					
			C	分析出其中两项					
			D	分析出其中一项或零项					
2	检查异物位置及对自动扶梯进行防护	5	A	找出异物位置并做好防护工作					
			B	做好防护工作，但未找出异物位置					
			C	找出异物位置，但未做好防护工作					
			D	未正确操作					
3	对自动扶梯进行正行、逆行、停机操作	5	A	正确进行正行、逆行、停机操作					
			B	正确进行停机、逆行操作					
			C	正确进行停机操作					
			D	未正确操作					
合计得分		15							

考评员（签名）：

等级	A（优）	B（良）	C（尚可）	D（差）
比值	1.0	0.8	0.6	0

“评价要素”得分 = 配分 × 等级比值。

参考答案：

故障设置：根据电梯运行方向，在相应端梳齿板与梯级间放置一枚螺钉

1．自动扶梯的故障判断

故障现象：梳齿板有异物侵入

原因判断：

（1）齿板的强度不够，受到挤压后与梯级之间的间隙变大，造成异物侵入。

（2）梯级下沉，使其与梳齿板的间隙增大，造成异物侵入。

（3）梳齿断其与梯级踏面的间隙增大，造成异物侵入。

（4）梯级传动轮磨损，当梳齿板之间夹入异物时将梯级推向另一边，使其间隙更大，造成异物侵入。

2．检查异物位置及对自动扶梯进行防护

（1）目测梯级与梳齿板之间异物位置。

（2）劝阻乘客乘坐故障电梯。

（3）等待故障电梯上的乘客出清。

（4）对故障电梯使用红白带进行安全防护。

3．对自动扶梯进行正行、逆行、停机操作

（1）对故障电梯进行停机操作。

（2）对故障电梯进行逆行操作，并使异物自行脱落。

（3）对故障电梯再次进行停机操作。

（4）对故障电梯进行正行操作。

城轨站务员（三级）操作技能鉴定
试题单

试题代码：1.6.1。

试题名称：车站屏蔽门系统单扇故障（打不开）的处置。

考核时间：10 min。

1. 操作条件

虚拟站台、屏蔽门系统。

2. 操作内容

列车进站对齐车门停稳后，站务员发现车站上行某扇屏蔽门无法正常开启。请正确处置。

3. 操作要求

（1）掌握单扇屏蔽门故障的定位。

（2）掌握单扇站屏蔽门故障的处置。

（3）掌握单扇站屏蔽门非正常状态下的汇报流程。

（4）掌握单扇站屏蔽门非正常状态下的安全监护工作。

城轨站务员（三级）操作技能鉴定试题评分表及答案

考生姓名：　　　　　　　准考证号：

试题代码：1.6.1。

试题名称：车站屏蔽门系统单扇故障（打不开）的处置。

考核时间：10 min。

	评价要素	配分	等级	评分细则	评定等级				得分
					A	B	C	D	
1	单扇屏蔽门故障的定位	3	A	能够迅速定位					
			B						
			C						
			D	不能定位					
2	单扇屏蔽门故障的处置	6	A	故障处置符合规范					
			B	错一处					
			C	错两处					
			D	错三处或以上					
3	汇报流程	3	A	汇报流程符合规范					
			B	错一处					
			C	错两处					
			D	错三处或以上					
4	安全监护工作	3	A	安全监护符合规范					
			B	错一处					
			C	错两处					
			D	错三处或以上					
合计配分		15	合计得分						

考评员（签名）：

等级	A（优）	B（良）	C（尚可）	D（差）
比值	1.0	0.8	0.6	0

“评价要素”得分 = 配分 × 等级比值。

参考答案：

1．单扇屏蔽门故障的定位

通过活动门上方的指示灯快速定位。

2．单扇屏蔽门故障的处置

（1）使用三角钥匙，手动拉开故障门。

（2）配合司机，指引乘客，安全完成上下客作业。

（3）站务员通过对讲机将故障情况汇报给车站值班员，并根据车站值班员指令，将故障屏蔽门处于打开状态隔置。（“隔置”特指：单扇门弃用，使其不影响信号安全回路。）

3．汇报流程

（1）站务员用对讲机告知司机。

（2）站务员用对讲机告知值班员。

4．现场处置及安全监护工作

（1）确认无夹人夹物。

（2）发出关门良好手信号，提示司机关门发车。

（3）在故障车门上张贴醒目告示，以提醒乘客。

城轨站务员（三级）操作技能鉴定
试题单

试题代码：2. 1. 1。

试题名称：大客流预案 1。

考核时间：10 min。

1. 操作条件

车站周边有一大型体育场。

2. 操作内容

车站周边体育场今晚有一场球赛，预计球赛开场前及散场时该站将发生较大客流。请配合值班站长进行客运组织，分不同时段实施站务员各岗位预案。

3. 操作要求

（1）正确说明大客流处置准备工作。

（2）能根据不同时间段的客流特点，实施相应的应急处置工作。

（3）能说明应准备的应急用品。

城轨站务员（三级）操作技能鉴定试题评分表及答案

考生姓名：　　　　　　准考证号：

试题代码：2.1.1。

试题名称：大客流预案1。

考核时间：10 min。

评价要素		配分	等级	评分细则	评定等级				得分
					A	B	C	D	
1	预先准备工作	10	A	要点答对两处以上					
			B	要点答对两处					
			C	要点答对一处					
			D	要点全未答对					
2	应急物品	6	A	要点答对三处以上					
			B	要点答对三处					
			C	要点答对两处					
			D	要点答对两处以下					
3	开场前工作	10	A	要点答对三处以上					
			B	要点答对三处					
			C	要点答对两处					
			D	要点答对两处以下					
4	散场时的措施	4	A	要点答对两处以上					
			B	要点答对两处					
			C	要点答对一处					
			D	要点全未答对					
合计配分		30	合计得分						

考评员（签名）：

等级	A（优）	B（良）	C（尚可）	D（差）
比值	1.0	0.8	0.6	0

“评价要素”得分 = 配分 × 等级比值。

参考答案：

1．预先准备工作

（1）与体育场方面取得联系，了解球赛开场、散场时间等信息。

（2）提前到岗，确保不空岗。

（3）检查 TVM、闸机等设备，确保运行正常。

（4）在主要出口附近放置临时引导牌。

（5）根据客流情况，提醒值班站长安排加班增援人员，合理布置岗位。

2．应急物品

（1）临时护栏。

（2）临时导向牌。

（3）应急票、硬币、应急售票包等。

（4）电喇叭。

（5）反光背心。

3．开场前工作

（1）至出站闸机处引导，指导乘客迅速过闸，避免集中出站时排队较长。

（2）主动引导乘客从体育场就近出入口出站。

（3）向乘客宣传本站末班车时间，提醒使用单程票的乘客可提前购买返程车票。

（4）多加提醒乘客注意安全（乘梯、上下列车、上下楼梯）。

4．散场时的措施

（1）必要时开启专用通道门，让乘客出站时补票。

（2）末班车后做好对未上车乘客的解释工作。

（3）提醒值班站长，在出入口外增派人手，提醒乘客末班车时间，抓紧进站。

（4）根据客流情况，提醒值班站长增加人工应急售票窗或流动售票岗，加快售票速度。

城轨站务员（三级）操作技能鉴定
试题单

试题代码：2. 2. 1。

试题名称：道床伤亡处置 1。

考核时间：10 min。

1. 操作条件

一列列车从 A 站出发，在区间内发现一人在轨道上穿行，司机立即采取紧急制动，但已撞上此人。列车因已越过被撞人，司机一时无法找到死伤者，只能按调令限速行至前方站 B 站。

2. 操作内容

实施 B 站各岗站务员应急处置的方案。

3. 操作要求

（1）正确实施站台站务员的应急处置工作。

（2）正确实施站厅各岗站务员的应急处置工作。

（3）正确实施站务员至现场的配合工作。

城轨站务员（三级）操作技能鉴定
试题评分表及答案

考生姓名：　　　　　　准考证号：

试题代码：2.2.1。

试题名称：道床伤亡处置1。

考核时间：10 min。

评价要素		配分	等级	评分细则	评定等级				得分
					A	B	C	D	
1	站台站务员操作要点	5	A	要点全部正确					
			B	要点回答两处					
			C	要点回答一处					
			D	要点全未答对					
2	站厅站务员操作要点	5	A	要点全部正确					
			B	要点回答两处					
			C	要点回答一处					
			D	要点全未答对					
3	下站台站务员操作要点	10	A	要点全部正确					
			B	要点回答三处					
			C	要点回答两处					
			D	要点全未答对					
合计配分		20	合计得分						

考评员（签名）：

等级	A（优）	B（良）	C（尚可）	D（差）
比值	1.0	0.8	0.6	0

“评价要素”得分 = 配分 × 等级比值。

参考答案：

1．站台站务员操作要点

（1）站台站务员及时按压紧急停车按钮。

（2）拉起警戒绳，疏散围观乘客，维护现场秩序。

（3）做好站台监护，防止乘客跌入道床。

2．站厅站务员操作要点

（1）站厅站务员做好发放致歉信及办理退票准备，同时做好解释工作。

（2）做好站厅限流准备工作。

（3）站厅站务员听从值班站长安排，至相应的出入口引导 120 救护人员与公安进站，并随时保持与车控室的联系。

3．下站台站务员操作要点

（1）跟车至现场的站务员要协助值班站长准备好照相机、担架、粉笔（干粉类）、裹尸布、电筒等应急物品，进入区间线路处置必须得到总调许可，并报告进入处置的人员数量，不得擅自进入区间隧道。

（2）协助值班站长确认伤亡者的位置，照相拍摄事发现场及伤亡者的姿态、伤亡者被肢解的器官、肢体散落情况。

（3）将伤亡者带至车站隐蔽处，等待 120 急救中心或公安民警处置。

（4）事故现场处置结束后，及时汇报值班站长，由值班站长确认恢复运行。

城轨站务员（三级）操作技能鉴定
试题单

试题代码：2.3.1。

试题名称：火灾、爆炸、投毒岗位预案1。

考核时间：10 min。

1. 操作条件

地下岛式站台车站、设屏蔽门。

当值站务员：上下行各1名，服务中心1名，休息室2名。

车站上行站台屏蔽门明火。

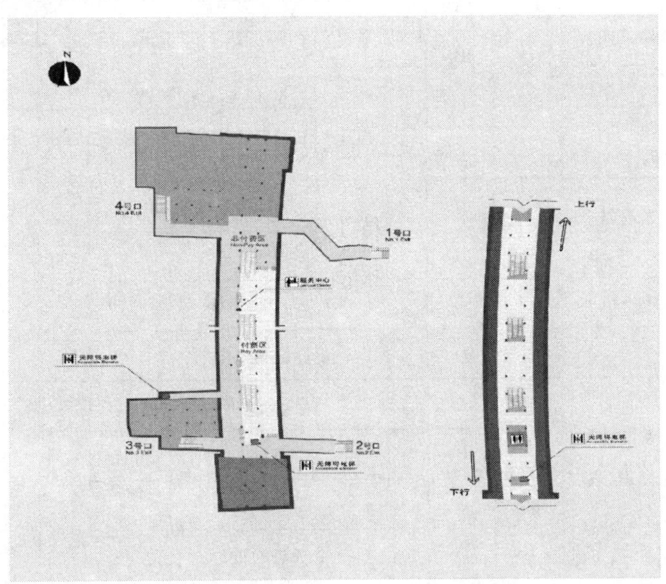

2. 操作内容

实施站务员各岗位应急处置预案。

3. 操作要求

（1）能选择正确应对预案，确定处置原则。

（2）熟练掌握上行站台当值站务员处置内容及要点。

（3）熟练掌握其他站务员处置内容及要点。

（4）合理实施站务员岗位预案，确定基本处置内容、客流疏散组织方案。

城轨站务员（三级）操作技能鉴定
试题评分表及答案

考生姓名：　　　　　　　准考证号：

试题代码：2.3.1。

试题名称：火灾、爆炸、投毒岗位预案1。

考核时间：10 min。

评价要素		配分	等级	评分细则	评定等级				得分
					A	B	C	D	
1	分析突发事件，选择正确预案类型，知道处置原则	2	A	要点全部正确					
			B	要点缺一处					
			C	要点缺两处					
			D	要点缺两处以上					
2	上行站台层当值站务员处置要点（报警、扑救、停车按钮、屏蔽门操作）	6	A	要点全部正确					
			B	要点缺一处					
			C	要点缺两处					
			D	要点缺两处以上					
3	其他当值站务员处置要点（隔离、退票、疏散）	6	A	要点全部正确					
			B	要点缺一处					
			C	要点缺两处					
			D	要点缺两处以上					
4	现场各岗位、工作安排、客流疏散组织（上行设备操作、下行协助、疏散至站厅、站厅三人疏散至站外）	6	A	要点全部正确					
			B	要点缺一处					
			C	要点缺两处					
			D	要点缺两处以上					
合计配分		20		合计得分					

考评员（签名）：

等级	A（优）	B（良）	C（尚可）	D（差）
比值	1.0	0.8	0.6	0

“评价要素”得分＝配分×等级比值。

参考答案：

1. 发现车站上行站台屏蔽门明火，站务员应急处置。

（1）对突发事件进行分析，确定对应预案。

（2）了解九大预案分类，选择火灾、爆炸、投毒预案。

（3）处置原则：维护稳定、预防为主，统一指挥、快速反应，各司其职、配合协调，慎重处置、化解矛盾。

2. 上行站台层当值站务员处置

（1）报警（通过对讲机或按压火灾报警装置）。

（2）如列车即将到站，找到紧急停车按钮并按压。

（3）如初期火苗，找到灭火器就行初期扑救。

（4）按照值班员命令，操作屏蔽门。

3. 其他当值站务员处置：

（1）协助灭火，隔离事发区域，防止乘客靠近火源发生意外。

（2）火势扩大，按照站长命令保护票款，停止售票，做好退票准备。

（3）维持秩序、客流组织，按照命令紧急疏散。

（4）寻找目击证人。

（5）按命令关闭电梯、卷帘门等设备。

（6）引导警察、消防、医护人员进入，配合工作。

4. 站务员各岗位安排、客流疏散组织方案：

（1）上行站务员上报、初期扑救、设备操作。

（2）下行站务员协助扑救、隔离事发区域、疏散客流，引导至站厅。

（3）服务中心保护票款、按照命令准备退票或打开专用通道紧急疏散客流。

（4）如命令紧急疏散，服务中心站务员在北侧楼梯处，两位休息室站务员负责另两部扶梯处，引导乘客离开费区，往广播所指出入口疏散出站，可要求保安、保洁等协助疏散引导（值班员广播疏散，建议疏散至1号、2号口，3号、4号口通往建筑内）。

（5）如有外部救护人员进站，站厅疏散人员至出入口引导。

城轨站务员（三级）操作技能鉴定
试题单

试题代码：2.4.1。

试题名称：服务突发情况应急处理1。

考核时间：10 min。

1．操作条件

某日，暴雨天气，某地下车站C站，站厅多处漏水，其中一个出入口及进站闸机处漏水情况较严重，此时，一名乘客自称是某报社人员，要求拍摄并采访。

2．操作内容

作为C站站务员，根据相关规定进行应急处理。

3．操作要求

（1）能及时传递信息。

（2）能采取有效措施，对漏水点进行初步处理。

（3）能采取有效措施，进行客流疏导，避免乘客淋雨、滑倒摔伤。

（4）能采取有效措施保护设备设施，避免淋水故障。

（5）能正确应对乘客及媒体。

城轨站务员（三级）操作技能鉴定
试题评分表及答案

考生姓名：　　　　　　　准考证号：

试题代码：2. 4. 1。

试题名称：服务突发情况应急处理 1。

考核时间：10 min。

评价要素		配分	等级	评分细则	评定等级				得分
					A	B	C	D	
1	及时传递信息	6	A	要点全部答对					
			B	要点答对两处					
			C	要点答对一处					
			D	要点全未答对					
2	对漏水点，采取初步处理措施	6	A	要点全部答对					
			B	要点答对两处					
			C	要点答对一处					
			D	要点全未答对					
3	对乘客进行疏导，避免淋雨或滑倒	6	A	要点全部答对					
			B	要点答对两处					
			C	要点答对一处					
			D	要点全未答对					
4	采取有效措施，保护闸机不进水损坏	6	A	要点全部答对					
			B						
			C	要点答对一处					
			D	要点全未答对					
5	采取有效措施阻止记者的拍摄采访、并合理引导	6	A	要点全部答对					
			B	要点答对两处					
			C	要点答对一处					
			D	要点全未答对					
合计配分		30	合计得分						

考评员（签名）：

等级	A（优）	B（良）	C（尚可）	D（差）
比值	1.0	0.8	0.6	0

“评价要素”得分=配分×等级比值。

参考答案：

1．及时上报，说明漏水具体位置及情况

（1）通过对讲机，及时发现及时上报值班站长。

（2）上报时说明漏水点具体位置。

（3）上报时说明漏水程度及对附近设备、环境的影响程度。

2．采取有效措施，对漏水点进行初步处理

（1）寻找保洁员，对地面积水进行清理。

（2）使用水桶等容器，放置于漏水点下方，避免水继续流至地面。

（3）摆放防滑警示标识，提醒乘客注意。

3．采取有效措施，进行客流疏导，避免乘客淋雨、滑倒摔伤

（1）铺设防滑毯等防滑用品。

（2）如漏水严重，或漏水点在乘客必经区域，安排工作人员在现场疏导。

（3）广播宣传，提醒乘客注意地面湿滑。

4．采取有效措施保护设备设施，避免淋水故障

（1）关闭漏水点下方闸机。

（2）用塑料纸等防水用品，将闸机包起，或在闸机上方放置接水容器。

5．及时制止记者拍摄、采访，并正确引导

（1）及时劝阻记者的拍摄采访，并告知我方正在积极快速处理中。

（2）及时向站长报告，让站长接待记者。

（3）不在记者、乘客面前抱怨，请记者通过公司的途径获得采访许可。